Kooperation & Kompetenz, Teil 1

Klaus W. Vopel

Kooperation & Kompetenz

Spiele für die lernende Organisation, Teil 1

iskopress

Die Deutsche Bibliothek – CIP-Einheitsaufnahme

Vopel, Klaus W.: Kooperation & Kompetenz :
Spiele für die lernende Organisation /
Klaus W. Vopel. – Salzhausen : iskopress
ISBN 3-89403-620-6

Teil 1 (1997)
ISBN 3-89403-621-4

ISBN 3-89403-621-4
1. Auflage 1997

Umschlag: Mathias Hütter, Schwäbisch Gmünd
Satz und Layout: E. Velina
Druck: Runge, Cloppenburg

Inhalt

Einleitung

Wir alle sind auf einer überraschenden und manchmal unheimlichen Reise in eine veränderte Welt: Die Globalisierung unserer Kommunikationsmöglichkeiten durch das Internet, die Verschärfung des internationalen Wettbewerbs, der immer noch fortschreitende Umbau der Unternehmen etc., all das stellt Firmen wie Mitarbeiter vor völlig neue Aufgaben. Unternehmen, Mitarbeiter, Manager und Trainer werden nur dann erfolgreich sein, wenn sie die anstehenden Veränderungen verstehen.

Wenn wir uns auf diese Veränderungen einstellen wollen, müssen wir unsere Theorien und unsere Prinzipien überprüfen. Beinahe jeden Tag erweisen sich alte Selbstverständlichkeiten als unbrauchbar, und traditionelle Konzepte werden in Frage gestellt. Unternehmen, die überleben und florieren wollen, müssen ihren Mitarbeitern helfen, alte Ideen und überholte Vorstellungen aufzugeben. Das gilt für die Erschließung neuer Märkte, für das Tempo von Produktentwicklung, Lieferbereitschaft und Kundenservice, für den partnerschaftlichen Umgang mit Lieferanten und Kunden, für eine neue Beziehung zwischen Mitarbeitern und Management sowie für den notwendigen Ausgleich persönlicher und beruflicher Interessen der Mitarbeiter.

Was in Zukunft die erfolgreichen Unternehmen auszeichnen wird, sind nicht in erster Linie ihre Produkte oder Dienstleistungen und auch nicht die verwendete Technologie. Diese Unternehmen werden sich vielmehr durch die Qualität ihrer Mitarbeiter auszeichnen, die sich ihren Job nicht nur nach der Höhe des Gehaltes aussuchen werden; mindestens ebensoviel Gewicht werden sie auf die Qualität des Arbeitsplatzes legen: auf die Möglichkeit, selbständig zu planen und zu entscheiden, kreativ zu sein, die Arbeitszeit flexibel und in einem angenehmen Klima der Kooperation verbringen zu können.

Grenzüberschreitende Unternehmen

Unternehmen, die sich auf Veränderungen einstellen wollen, müssen viele alte Grenzen überschreiten. Ein Unternehmen, das erfolgreich arbeiten will, muß dafür sorgen, daß seine Mitarbeiter ihr volles Potential einsetzen können. So engagierte Mitarbeiter wissen, wofür sie verantwortlich sind und welche Ressourcen sie haben. Sie übernehmen die Verantwortung für ihren Beitrag zur Weiterentwicklung des Unternehmens. Sie fühlen sich wie Unternehmer, und in vielen Fällen werden sie es durch eine Beteiligung am Unternehmen auch sein.

Die stärksten Impulse für die Überwindung alter Grenzen und Anschauungen kommen zur Zeit aus der Technologie. In der Welt der Unternehmen bietet Technologie heute den sichersten Weg, um Wettbewerbsvorteile für das Unternehmen zu gewinnen.

Der umfassende Einsatz von Computern sorgt darüber hinaus für eine breitere Verteilung von Macht. Heute haben viele Mitarbeiter Zugang zu Informationen, die früher einem kleinen Kreis von Managern und Spezialisten vorbehalten waren. Auf jeder Ebene des Unternehmens können die Mitarbeiter differenzierter und unabhängiger arbeiten. Diese Entwicklung stellt neue Anforderungen an die Führungskräfte. Sie müssen einen Teil ihrer Verantwortung abgeben und ihren Mitarbeitern mehr Handlungsspielraum einräumen.

Eine neue Einstellung zu den Mitarbeitern

In den kommenden Jahren wird es immer mehr Haushalte geben, in denen Männer und Frauen gemeinsam zum Familieneinkommen beitragen werden, und gleichzeitig nimmt die Zahl der Alleinerziehenden zu. Daraus ergibt sich eine neue Einstellung zur Arbeit. Die Mitarbeiter wünschen flexiblere Arbeitszeiten und in einem gewissen Umfang auch die Möglichkeit, im Hause zu arbeiten. Die Unternehmen müssen darüber nachdenken, wie sie zu einer neuen Balance zwischen Privat- und Berufsleben ihrer Mitarbeiter beitragen können.

Gute Mitarbeiter werden anspruchsvoller, und sie werden neue Forderungen an die Unternehmen stellen. In früheren Zeiten schenkten die Mitarbeiter dem Unternehmen ihre Loyalität im Austausch gegen einen sicheren Arbeitsplatz, gerechte Entlohnung und gute Arbeitsbedingungen. Die Reorganisation in den Unternehmen mit den damit verbundenen Entlassungen hat jedoch die Beziehungen zwischen Unternehmen und Mitarbeitern empfindlich gestört. In Zukunft müssen die Unternehmen neue Wege finden, um Loyalität und Kreativität ihrer Mitarbeiter zu gewinnen. Die Führungskräfte müssen sich darauf einstellen.

Schon immer war den Unternehmen klar, daß ihre Kunden Freiwillige sind. Heute müssen auch die Mitarbeiter als Freiwillige betrachtet werden. Wenn ein Unternehmen die Besten an sich binden möchte, dann muß es diesen Personenkreis respektvoll behandeln. Die Mitarbeiter möchten konsultiert werden und verstehen, warum bestimmte Entscheidungen getroffen werden. Sie wünschen sich Kommunikation und keine Befehle. Sie wünschen sich Anerkennung und einen vernünftigen Anteil an der Entscheidungskompetenz.
Das alles bedeutet, daß sich die Unternehmen verändern müssen. Die Hierarchien müssen flacher werden, damit Entscheidungen unbürokratischer und schneller getroffen werden können, um auf diese Weise die sich rasch wandelnden Bedürfnisse der Kunden zu befriedigen. Die Unternehmen müssen jenen Mitarbeiter mehr Informationen, Autorität und Verantwortung übergeben, die unmittelbar mit den Produkten, Dienstleistungen und Kunden zu tun haben.
In Zukunft werden mehr Frauen als Männer neu in die Unternehmen eintreten, und es ist wichtig, daß die Frauen im Unternehmen ihren Anteil bei der Besetzung von Führungspositionen erhalten. Daß die Unternehmen den Frauen gerechte Chancen und den notwendigen Respekt einräumen, dient nicht nur einem guten Arbeitsklima, kein Unternehmen wird es sich in Zukunft leisten können, auf das kreative Potential der Frauen zu verzichten.
Zu den traditionellen Grenzen, die durchlässiger gemacht werden müssen, gehört auch das Verhältnis zwischen Arbeitern und Führungskräften. Nicht nur im Bereich der Angestellten müssen Entscheidungskompetenzen nach unten verlagert werden.

Große Herausforderungen ergeben sich aus all dem auch für das Management. In Zukunft müssen Manager viel bessere Zuhörer und Kommunikatoren werden. Nur eine funktionierende Zwei-Wege-Kommunikation kann sicherstellen, daß die Mitarbeiter gemeinsame Visionen haben, gemeinsame Werte, Prinzipien und Ziele. Ohne eine funktionierende Kommunikation können auch die vergrößerten Handlungsspielräume nicht zum Erfolg führen.

Die traditionellen, autoritären Haltungen des Managements müssen aufgegeben werden, wenn die Mitarbeiter Initiative, Kreativität und Engagement zeigen sollen. Die Führungskräfte müssen neue Rollen übernehmen. Wir brauchen die Rolle des Mentors, des Beraters, des Lehrers, des Vorbildes.
Es liegt auf der Hand, daß all diese Veränderungen schwierig sein werden, sowohl für die Führungskräfte als auch für die Mitarbeiter. Oft zögern beide Seiten, ihre traditionellen Rollen und Machtpositionen aufzugeben.

Mobilisierung des Mitarbeiterpotentials

Pessimisten rechnen damit, daß die deutschen Unternehmen zu zweit- oder drittklassigen Wettbewerbern der Weltwirtschaft werden. Das muß nicht so sein. Die Bundesrepublik verfügt immer noch über hervorragende Bildungssysteme, und der globale Wandel schafft neue Märkte und eine drastische Reorganisation der bestehenden. Der Schlüssel für zukünftige Erfolge liegt in Flexibilität, Innovation und motivierten Mitarbeitern, die schnell reagieren können.
Wir haben allerdings damit zu rechnen, daß die notwendigen Veränderungen nur schrittweise zu erreichen sind.
Aber unsere Unternehmen haben nur dann eine Chance, wenn sie hart daran arbeiten, alte Grenzen zu überschreiten. Sie müssen neue Technologien erfinden, weltweit präsent sein und in kürzerer Zeit auf Kunden und Märkte reagieren. Dazu müssen sie alle verfügbaren Ressourcen aktivieren. Und die wichtigsten Ressourcen sind die eigenen Mitarbeiter, ihr Talent, ihre Energie, ihr Engagement. Bei der Mobilisierung des Mitarbeiter-

potentials haben Training und Workshops eine wichtige Aufgabe. Auch hier kommt es darauf an, daß wir als Berater oder Trainer unser Bestes geben. Wir müssen unser Training so organisieren, daß es eine wirksame Unterstützung für die Entwicklung von Teilnehmern und Unternehmen ist.
Allerdings dürfen wir nicht die Illusion kultivieren, daß wir im Besitz besonderer Wahrheiten und Weisheiten sind. Wir müssen uns selbst für Veränderungen offen halten und die Grenze überschreiten zwischen unserem Wissen über Psychologie, Kleingruppendynamik und Systementwicklung auf der einen Seite und der Kunst des unternehmerischen Handelns auf der anderen. Wir müssen uns selbst daran gewöhnen, als Unternehmer zu denken, als Lehrer, als Mentoren. Nur dann können wir für die Unternehmen wertvolle Dienste leisten.

Kompetenz und Kooperation

Diese Begriffe deuten die beiden Richtungen an, in die wir uns alle bewegen müssen. Wenn ich von Kompetenz spreche, meine ich damit all unsere kognitiven, emotionalen und geistigen Stärken, über die wir als Individuen verfügen: Für jeden von uns gilt, daß in der neuen Arbeitswelt unser Gehirn wichtiger ist als unsere Hände. Wir brauchen fachliches Wissen genauso wie die Fähigkeit, holistisch zu denken; wir müssen mit Computern umgehen können und mit unseren eigenen Stimmungen; wir müssen unsere Vorurteile kennen und ändern können; wir benötigen Wertvorstellungen ebenso wie die Fähigkeit, uns entspannen und regenerieren zu können, usw. Wir brauchen Willenskraft und die Bereitschaft, ständig dazuzulernen. Jeder kann diesen Katalog individueller Stärken noch fortschreiben.
Aber in der neuen Arbeitswelt ist es nicht ausreichend, wenn wir unser individuelles Potential entwickeln. In zunehmendem Maße müssen wir in der Lage sein, unsere Ziele gemeinsam mit anderen zu erreichen. Wir müssen nicht nur in Teams arbeiten, sondern zunehmend bedenken, wie sich unsere Arbeit und unsere Vorgehensweise auf andere auswirkt, die innerhalb und außerhalb des Unternehmens sind. Daher ist es wichtig, daß wir unse-

re interpersonellen Skills, d. h. unsere Kooperationsfähigkeit, entwickeln. In den hierarchischen Unternehmen reichte es aus, daß eine Führungskraft in der Lage war, klare Anweisungen zu geben und diese auch mit einem gewissen Nachdruck durchzusetzen. Für die Mitarbeiter reichte es aus, daß sie Anweisungen konsequent befolgten und loyales Verhalten dem Vorgesetzten gegenüber an den Tag legten. Heute sind unsere Beziehungen im Unternehmen nicht mehr primär durch oben/unten charakterisiert. Die neue soziale Dynamik ist in erster Linie horizontal. Wenn jeder Verantwortung hat, wenn jeder Entscheidungen treffen muß, dann wünscht sich jeder, daß er mit Respekt behandelt wird, freundlich und verständnisvoll. Wir können unsere Sicherheit nicht nur aus unserem Platz im Organigramm ableiten. Es kommt darauf an, daß wir uns gegenseitig als verläßlich erleben, als fürsorglich, als kollegial. Wer nicht in der Lage ist, ein gewisses Maß an Empathie aufzubringen, bereitet sich und anderen Schwierigkeiten. Wir stellen an unsere Arbeitsbeziehungen ganz neue Ansprüche.
Nun ergibt sich natürlich die Frage, wie wir ein höheres Maß an Kompetenz und Kooperationsfähigkeit gewinnen können. Das bestehende Schulsystem und die Ausbildungsmöglichkeiten an Universitäten, Fachhochschulen und Berufsschulen können unseren Lernbedarf nur zum Teil abdecken. Wir sind in erheblichem Maße darauf angewiesen, alle diese Dinge in eigener Regie zu lernen und zu trainieren. Als Mitarbeiter dürfen wir darüber hinaus zu Recht erwarten, daß uns die Unternehmen die Chance bieten, gemeinsam mit unseren Kollegen hier weiterzukommen.

Das vorliegende Werk ***Kompetenz und Kooperation*** soll daher Führungskräften, Trainern und Moderatoren helfen, in ihren Schulungen auf diesen Lernbedarf einzugehen.
Insgesamt sind sechs Teile geplant, die beiden ersten Teile erscheinen 1997, die Teile drei und vier sollen 1998 erscheinen und die beiden letzten Teile 1999. Die insgesamt 30 thematischen Schwerpunkte greifen die meisten Lernbereiche auf, die

für die kommenden Jahre relevant sein werden. Dabei habe ich neben klassischen Themen auch neue aufgegriffen, für die Sie als Seminarleiter sonst schwer Übungsmaterial finden, z. B.: Ethische Werte, Philosophie der Arbeit, Loyalität, Männer und Frauen, Empathie, Wandel etc. (Einen Überblick über den thematischen Aufbau der sechs Bände finden Sie auf Seite 214.)
Die ausgewählten Übungen, Spiele und Experimente haben vielfältige methodische Wurzeln. Ich habe versucht, aus den verschiedensten Lernstrategien die besten Anregungen zu holen, z. B. aus Gestalt- und Familientherapie, Psychosynthesis, New Games, Human Relations Training, Meditation, Values Clarification, Dramatherapie etc.
Alle Aktivitäten orientieren sich an zwei Prinzipien, die auch durch den Titel des Werkes nahegelegt werden: Respekt vor dem einzelnen Teilnehmer, vor seiner Individualität, und Förderung eines vertrauensvollen und anregenden Gruppenklimas.
Daher habe ich auch darauf verzichtet, Wettbewerbselemente als Motivationshilfe zu benutzen, die in der Trainingstradition immer gern eingesetzt wurden. Der Gedanke des internen Wettbewerbs gehört eindeutig zu den alten hierarchischen Unternehmen, die für die Qualität von menschlichen Beziehungen wenig Sinn hatten. Die Spiele und Übungen motivieren auf eine andere Weise, indem sie die Neugier der Teilnehmer ansprechen, ihre Kreativität und vor allem jene Fragen, die der Arbeitsalltag aufwirft.
Die Darstellung der Spiele folgt einem klassischen Muster. Neben einer Schätzung des Zeitbedarfs finden Sie eine Beschreibung der Lernziele, des benötigten Materials und eine verbatim gegebene Anleitung mit Zeitangaben für die einzelnen Arbeitsschritte. Wählen Sie das Arbeitstempo bitte so, daß es sowohl zu Ihrem persönlichen Stil als auch zum Arbeitsrhythmus der jeweiligen Gruppe paßt.
Zu jedem Themenschwerpunkt finden Sie ganz unterschiedliche Experimente und Spiele, einfache und anspruchsvollere. Arbeiten Sie bitte nur mit solchen Übungen, die Sie persönlich inspirieren und von denen Sie glauben, daß sie eine geeignete Her-

ausforderung bzw. Unterstützung für Ihre Teilnehmer sind.
Ich wünsche Ihnen eine gute Hand bei Ihrer Auswahl und trotz aller Anstrengung bei der Seminararbeit immer wieder das Vergnügen, das wir empfinden können, wenn wir ein paar Schritte weiterkommen auf dem langen Weg zum lernenden Unternehmen.

Salzhausen, im Mai 1997
Klaus W. Vopel

Kennenlernen

Wahre Geschichten

(Pro Teilnehmer ca. 2 Minuten)

Ziele: Dies ist eine interessante und überraschende Möglichkeit, einander kennenzulernen. Immer ein Teilnehmer zieht ein vorbereitetes Kärtchen und beantwortet die auf der Rückseite stehende Frage. Die Fragen sind unterschiedlich riskant, so daß sich ein anregender Rhythmus von kurzen Selbstdarstellungen ergibt. Die Fragen berühren die Biographie, den Beruf, die Werte, das Gefühlsleben, die Reaktion auf die anderen Gruppenteilnehmer.

Material: Kärtchen in den Abmessungen einer Visitenkarte mit den auf den beiden folgenden Seiten abgedruckten Fragen. Es sollten doppelt so viele Karten vorhanden sein wie Teilnehmer, damit jedes Gruppenmitglied zweimal an die Reihe kommt.

Anleitung: Damit wir uns miteinander bekannt machen können, habe ich ein Spiel vorbereitet. Dieses Spiel heißt: „Wahre Geschichten" nach einem Filmtitel. Ich werde gleich einen Stapel mit Kärtchen in die Mitte des Kreises auf den Boden legen. Auf der Rückseite jedes Kärtchens steht eine Frage. Ich habe mir Fragen ausgedacht, die Dinge berühren, auf die wir alle neugierig sind, wenn wir mit neuen Menschen zusammenkommen. Die meisten dieser Fragen stellen wir vielleicht erst im Verlaufe des Abends bei einem Glas Wein. Mit anderen Worten: Wenn wir auf die Fragen antworten, gehen wir ein kleines Risiko ein. Wenn Sie sich entschließen, eine Frage zu beantworten, dann tun Sie das möglichst ehrlich. Denken Sie daran, daß dieses Spiel „Wahre Geschichten" heißt. Wenn irgend jemand einen zu starken Widerstand spürt, eine Frage zu beantworten, dann kann er das Kärtchen ganz nach unten legen, um dann die nächste Karte zu ziehen.

Denken Sie bitte daran, daß Sie, ehe Sie ein Kärtchen aufnehmen, uns noch Ihren Namen nennen und uns sagen, wie Sie hier genannt werden möchten. Auf diese Weise können wir gleichzeitig versuchen, unsere Namen zu lernen.

(Manchmal ist es gut, wenn Sie als Trainer das erste Kärtchen aufnehmen. In den meisten Fällen können Sie jedoch Ihren linken oder rechten Nachbarn bitten, das Spiel zu beginnen. Wenn Sie sehr wenig Zeit haben, spielen Sie nur eine Runde. Ergiebiger ist es, wenn Sie zwei Runden spielen lassen. Nehmen Sie selbst auch teil und fordern Sie die Teilnehmer anschließend zu einer kurzen Diskussion auf, in der sie ihre Reaktionen und Eindrücke mitteilen können.)

Liste mit Fragen:

1. Was können Sie am besten?
2. Was lernen Sie gerade Neues?
3. Wenn Sie einen bedeutenden Geldbetrag in der Lotterie gewännen, was würden Sie dann mit dem Geld machen?
4. Welcher politischen Partei gehört im Augenblick Ihre Sympathie?
5. In welche „Typen" haben Sie sich verliebt, als Sie Teenager waren?
6. Was kann Sie aus der Fassung bringen?
7. Wann haben Sie das letzte Mal geweint?
8. Wann haben Sie das letzte Mal etwas gestohlen?
9. Wie alt möchten Sie werden?
10. Wo waren Sie, als Sie das letzte Mal einen Sonnenuntergang beobachtet haben?
11. Von welchem Menschen haben Sie am meisten gelernt?
12. Was war der glücklichste Augenblick in Ihrem Leben?
13. Was würden Sie am liebsten tun, wenn Sie sich einen besonderen Abend gönnen?
14. Wenn Sie jetzt irgendwo anders sein könnten, wo wären Sie am liebsten?
15. Wann haben Sie bisher den größten Mut gezeigt?
16. Wovor haben Sie am meisten Angst?
17. Wer ist zur Zeit Ihr wichtigstes Vorbild?
18. Was würden Sie tun, wenn Sie wüßten, daß das Ende unserer Welt in zwei Monaten stattfinden wird?

19. Was mögen Sie am meisten an sich selbst?
20. Worüber können Sie am lautesten lachen?
21. Wenn Sie sich in einen anderen Menschen verwandeln könnten, wer würden Sie dann gern sein?
22. Was haben Sie aus Ihrem letzten großen Fehler gelernt?
23. Haben Sie in letzter Zeit irgendeine kleine Veränderung in Ihrem Leben oder Ihrer Umgebung durchgeführt?
24. Auf wen sind Sie in dieser Gruppe am neugierigsten?
25. Was muß jemand sagen, um Sie sehr zu reizen?
26. Wer in dieser Gruppe erinnert Sie an ein Mitglied Ihrer Kindheitsfamilie?
27. Mit welchen Menschen können Sie zur Zeit am besten über Ihre Gefühle sprechen?
28. Wann waren Sie das letzte Mal verwirrt oder beschämt?
29. Wenn Sie Gott wären, was würden Sie auf der Erde anders machen?
30. Welches Gefühl können Sie am schwersten bei sich aushalten?
31. Wie ist es für Sie, wenn Ihr Vorgesetzter einem anderen Geschlecht angehört als Sie selbst?
32. Was würde auch ein Feind als Ihre Stärke anerkennen müssen?
33. Welche Schwäche würde Ihr bester Freund bei Ihnen erkennen?
34. Worüber würde sich Ihr Körper bei Ihrem Kopf beschweren?
35. In welchen Situationen sind Sie besonders kreativ?
36. Ziehen Sie es vor, geliebt oder respektiert zu werden?

Detektive

(60 Minuten)

Ziele: Hier haben die Teilnehmer Gelegenheit, Neugier, Intuition und Kombinationsvermögen zu trainieren. Gerade für Seminare, bei denen der Akzent auf Lernen und Kreativität liegt, ist diese Einstiegsübung eine gute Möglichkeit, mit der richtigen Atmosphäre zu beginnen.

Material: Papier und Bleistift.

Anleitung: Ich möchte Sie dazu einladen, sich auf ungewöhnliche Weise miteinander bekannt zu machen. Wenn wir uns mit anderen bekannt machen wollen, versuchen wir meistens, möglichst genaue Informationen über uns zu geben, damit der andere das „richtige“ Bild von uns bekommt. Was aber ist das richtige Bild von uns? Wir verändern uns ständig, wir lernen laufend neue Dinge, wir sind ständig mit neuen Herausforderungen konfrontiert. Darum habe ich mir ein Ritual überlegt, das Ihnen allen Gelegenheit gibt, sich neuartig zu verhalten und vor allem Ihre Intuition zu benutzen.

Kommen Sie bitte immer mit einem Gruppenmitglied zusammen, das Sie noch nicht kennen...

Entscheiden Sie, wer A und wer B sein soll, und sagen Sie einander Ihre Namen... In der ersten Runde soll B der Detektiv sein und A der „Verdächtige“.

Der Detektiv möchte natürlich möglichst viel über den Verdächtigen herausfinden. In einem normalen Verhör gibt es das bekannte Frage- und Antwortspiel. Hier wollen wir anders vorgehen: Der Verdächtige zeichnet nämlich sechs Gegenstände auf, die er im letzten Monat benutzt hat. Er kann dabei Gegenstände auswählen, die es dem Detektiv erleichtern, sich vorzustellen, wer der Verdächtige ist und was er in diesem Monat getan hat. Es ist unerheblich, ob diese kleinen Skizzen besonders gut oder genau gezeichnet sind. Stellen Sie ruhig die Phantasie des Detektivs auf die Probe. Für diese erste Runde haben Sie

fünf Minuten Zeit. Beachten Sie bitte die Spielregel: Der Verdächtige soll nichts sagen und der Detektiv soll nichts fragen, sondern sich im stillen seinen Reim auf die sechs Skizzen machen. Der Detektiv kann sich natürlich Notizen machen. Holen Sie sich jetzt Papier und Bleistift und gehen Sie irgendwohin im Raum, wo Sie gut zusammenarbeiten können...
(5 Minuten)
Jetzt wechseln Sie bitte die Rollen, A soll der Detektiv sein und B der Verdächtige, und halten Sie bitte wieder die Spielregel ein, nicht miteinander zu sprechen. (5 Minuten)
Nun kommen Sie bitte wieder zum Kreis zurück. Nacheinander soll jeder Detektiv seinen Verdächtigen der Gruppe vorstellen und versuchen, ein möglichst umfassendes Bild des Verdächtigen zu zeichnen. Benutzen Sie die Informationen, die Sie aus den sechs Skizzen gewonnen haben, und füllen Sie die Lücken Ihres Wissens durch Vermutungen, die Ihnen plausibel erscheinen. Denken Sie auch daran, daß Sie sich selbst der ganzen Gruppe mit Ihrem Namen vorstellen und daß Sie uns auch den Namen des Verdächtigen sagen, damit wir von Anfang an die Namen lernen. Anschließend kann der Verdächtige sich äußern und Zutreffendes aus dem Bericht des Detektivs bestätigen und Irrtümer korrigieren. Außerdem soll dann eine Minute Gelegenheit für die Gruppe sein, noch zusätzliche Fragen zu stellen oder kurze Anmerkungen zu machen...
Dann kommt der nächste Detektiv an die Reihe.

3

Cocktail-Party

(60 – 90 Minuten je nach Gruppengröße)

Ziele: Diese Struktur gibt jedem Teilnehmer Gelegenheit, drei andere Gruppenmitglieder im Rahmen einer fiktiven Cocktail-Party kennenzulernen.
Jeder kann entscheiden, wie konventionell oder ungewöhnlich die Fragen sein sollen, die er den anderen Gruppenmitgliedern stellen will. Anschließend werden die Erkenntnisse im Plenum vorgetragen und ergänzt.

Material: Papier und Bleistift.

Anleitung: Wenn eine Gruppe neu zusammenkommt, dann möchten wir möglichst bald herausfinden, wer die anderen Teilnehmer sind. Erste Eindrücke sammeln wir natürlich sofort, wenn wir die anderen anschauen, wenn wir sehen, wie sie sich bewegen, wenn wir ihre Stimme hören, wenn wir ihre Ausstrahlung auf uns wirken lassen. Wir bemerken ziemlich schnell, auf wen wir besonders neugierig sind und mit wem wir uns später vielleicht auch privat unterhalten möchten. Manchmal fällt uns ein, daß uns jemand an eine andere Person aus unserem Leben erinnert, und dann möchten wir wissen, ob da tatsächlich eine gewisse psychologische Ähnlichkeit vorliegt. Und manchmal entdecken wir auch die eine oder andere Person, bei der wir vermuten, daß es längere Zeit kosten wird, diesen Menschen näher kennenzulernen. Wir erleben das uns bekannte Muster unterschiedlicher Anziehung. Und je neugieriger wir sind, desto eher können wir eine solche Situation reizvoll finden, weil sie uns Gelegenheit gibt zu experimentieren.
Stellen Sie sich nun bitte vor, daß wir hier alle zu einer Cocktail-Party zusammengekommen sind. Sie haben schon einen ersten Eindruck von den Gruppenmitgliedern gewonnen, den Sie vermutlich vertiefen wollen. Überlegen Sie sich ein paar Fragen, die Ihnen nachher helfen können, andere Teilnehmer genauer kennenzulernen. Entscheiden Sie, ob Ihre Fragen eher konven-

tionell oder eher ungewöhnlich sein sollen. Entscheiden Sie auch, auf welche Lebensbereiche die Fragen abzielen sollen, auf die Arbeit, das Seminar, auf den persönlichen Hintergrund oder auf noch andere Dinge. Wenn Sie wollen, können Sie einen kleinen Vorrat an interessanten Fragen notieren, auf den Sie gleich zurückgreifen können. (2 Minuten)
Jetzt möchte ich Ihnen die Spielregeln für unsere Cocktail-Party erklären: Sie sollen drei verschiedene Dinge über drei verschiedene Gruppenmitglieder herausfinden, d. h. Sie können drei verschiedene kurze Gespräche haben, jedesmal drei Minuten. Teilen Sie die Zeit so auf, daß jeder Gelegenheit hat, dem Gesprächspartner eine Frage zu stellen. Merken Sie sich bitte auch den Namen Ihres Gesprächspartners. Wenn Sie wollen, können Sie sich kurze Notizen machen. Beachten Sie bitte folgende Spielregel: Niemand soll dieselbe Information zweimal geben. Wenn Ihnen dieselbe Frage zum zweiten Mal gestellt wird, sagen Sie einfach: „Tut mir leid, das habe ich schon einmal erzählt. Können Sie mich etwas anderes fragen?“
Nach jeweils drei Minuten gebe ich Ihnen ein Signal, dann können Sie sich von Ihrem Partner verabschieden und sich ein neues Gruppenmitglied suchen.
(Geben Sie bitte immer nach drei Minuten das Signal und fordern Sie nach dem dritten Kontakt die ganze Gruppe auf, wieder im Kreis Platz zu nehmen.)
Lassen Sie uns jetzt zusammentragen, was Sie bei der „Cocktail-Party“ in Erfahrung gebracht haben. Vielleicht ist es gut, wenn wir uns immer auf eine Person konzentrieren und uns anhören, was die drei Gesprächspartner über dieses Gruppenmitglied herausgefunden haben. Anschließend kann der Betreffende noch ein paar Dinge hinzufügen, die die Gruppe über ihn wissen soll...

4

Achtung: Lügen!

(60 – 90 Minuten)

Ziele: Dies ist eine schöne Übung zum Kennenlernen, für Seminare, deren Lernziel es ist, daß die Teilnehmer flexibler kommunizieren. Für sehr unsichere oder ängstliche Teilnehmer eignet sich diese Struktur weniger. Die Teilnehmer müssen zwischen realistischen und fiktiven Vorstellungen unterscheiden. Das führt dazu, daß sie nonverbale Signale stärker beachten und noch aufmerksamer und kritischer zuhören als gewöhnlich. Die Teilnehmer, die Lügen erzählen, müssen versuchen, möglichst plausible Dinge zu erfinden und, wie im Psychodrama, in eine fremde Rolle hineinschlüpfen. Im ganzen entsteht eine spannende Situation, bei der jeder etwas wacher und aufmerksam ist als üblicherweise.

Material: Sie brauchen eine Reihe Fotokopien des Arbeitsbogens „Achtung: Lügen!“, Version A und Version B. Entscheiden Sie, in welchem Verhältnis Sie die beiden Versionen mischen wollen. Jeder muß ein Exemplar des Arbeitsbogens erhalten.

Anleitung: Wenn wir neue Menschen kennenlernen, die etwas von sich erzählen, dann gibt es verschiedene Möglichkeiten, wie wir diese Mitteilungen aufnehmen. Wir können sie für bare Münze nehmen und wir können uns fragen, welche wichtigen Informationen zurückgehalten werden. Wir können noch skeptischer sein und herauszufinden versuchen, welche Informationen übertrieben oder schlichtweg falsch sind. Wahrscheinlich ist niemand in der Lage, ständig die volle Wahrheit mitzuteilen. Wir haben immer das Bedürfnis, unsere Person, unsere Interessen zu schützen, weil wir nie wissen können, wie unsere Gesprächspartner reagieren werden. Jeder von uns hütet bestimmte Geheimnisse, hinter die andere möglichst nicht kommen sollen, damit wir weiterhin gut dastehen. Darum ist es wichtig, daß wir sehr aufmerksam sind, wenn andere uns etwas erzählen. Wir müssen zwei einander widersprechende Dinge gleichzeitig leisten: Es ist wichtig, daß wir eine respektvolle Haltung einnehmen; wir müssen uns dabei

bewußt sein, daß wir selbst auch eine gewisse Fassade zu unserem Schutz benutzen; und wir müssen versuchen, trotzdem hinter die Fassade des anderen zu schauen, damit die Beziehung einigermaßen realistisch sein kann.
Diese wichtige Alltagsproblematik bildet den Hintergrund für die Übung, die ich ausgewählt habe, damit wir uns in der Gruppe kennenlernen können. Jeder von Ihnen soll sich nachher in der Gruppe vorstellen. Einige Gruppenmitglieder werden versuchen, sich realistisch vorzustellen und die Wahrheit zu sagen, und andere werden versuchen, Ihnen einen Bären aufzubinden und etwas Erfundenes zu erzählen. Jeder von Ihnen bekommt gleich eine schriftliche Anweisung, die darüber informiert, wie der Betreffende verfahren soll. Natürlich sollen Sie sehr aufmerksam und kritisch zuhören, um beurteilen zu können, was stimmt und was nicht stimmt. Immer ein Teilnehmer wird sich zwei Minuten vorstellen, und dann können die anderen Gruppenmitglieder Ergänzungsfragen stellen. Dabei gilt jedoch eine Regel: Alle sollen höflich sein und nicht zu erkennen geben, daß sie an der einen oder anderen Vorstellung zweifeln. Erst wenn ich Sie dazu auffordere, sollen Sie Ihre Zweifel öffentlich kundtun.
(Nacheinander soll jeder Teilnehmer sich zwei Minuten lang vorstellen, entsprechend seiner schriftlichen Anweisung. Anschließend kann die Gruppe zwei Minuten lang Ergänzungsfragen stellen. Dann kommt der nächste an die Reihe. Wenn sich alle vorgestellt haben, kann eine Diskussion darüber beginnen, wer die Wahrheit gesagt hat bzw. wer nicht. Diejenigen, die die Rolle des „Lügners“ übernommen haben, sollen sich dann auch realistisch vorstellen.)

Achtung: Lügen!

(Arbeitsbogen)

Anweisung A:

Damit die anderen Teilnehmer Sie kennenlernen können, sollen Sie nachher zwei Minuten über sich sprechen.

Dabei sollen Sie **nicht** die Wahrheit sagen.

Erfinden Sie Teile Ihrer Lebensgeschichte, Ihrer Überzeugung, Ihrer Familiensituation oder Ihrer Interessen. Sie können allerdings ein paar Dinge sagen, die der Wirklichkeit entsprechen. Versuchen Sie, möglichst plausibel zu lügen.

Wenn Sie gesprochen haben, werden Ihnen vermutliche einige Fragen gestellt. Versuchen Sie, diese so zu beantworten, daß die anderen Ihnen Glauben schenken.

Wenn die anderen Gruppenmitglieder sich vorstellen, werden einige die Wahrheit sagen und andere werden etwas erfinden. Versuchen Sie, zwischen Lüge und Wahrheit zu unterscheiden, aber äußern Sie Ihre Zweifel nicht, bis Sie durch den Gruppenleiter dazu aufgefordert werden.

Sollten Sie jemanden in der Gruppe kennen, der zu den „Lügnern" gehörte, dann halten Sie sich in der Auswertungsdiskussion bitte zurück, damit andere Gruppenmitglieder Gelegenheit haben, ihre Zweifel selbst zu entdecken.

Achtung: Lügen!

(Arbeitsbogen)

Anweisung B:

Damit die anderen Teilnehmer Sie kennenlernen können, sollen Sie nachher zwei Minuten über sich sprechen.

Sie sollen die Wahrheit sagen.

Sie können über Ihre Lebensgeschichte sprechen, über Ihre Überzeugung, über Ihre Familie oder über Ihre Interessen, ganz wie Sie wollen, aber machen Sie das bitte möglichst ehrlich.

Wenn Sie gesprochen haben, werden Ihnen vielleicht von anderen Gruppenmitgliedern Fragen gestellt, dann antworten Sie bitte so, daß die anderen Ihnen glauben können.

Wenn die anderen Gruppenmitglieder sich vorstellen, werden einige die Wahrheit sagen und andere werden etwas erfinden. Versuchen Sie, zwischen Lüge und Wahrheit zu unterscheiden, aber äußern Sie Ihre Zweifel nicht, bis Sie durch den Gruppenleiter dazu aufgefordert werden.

Sollten Sie jemanden in der Gruppe kennen, der zu den „Lügnern“ gehörte, dann halten Sie sich in der Auswertungsdiskussion bitte zurück, damit andere Gruppenmitglieder Gelegenheit haben, ihre Zweifel möglicherweise zu äußern.

5

Pressemitteilung

(30 – 45 Minuten)

Ziele: Dies ist eine verhältnismäßig sichere Methode, um die Teilnehmer miteinander bekannt zu machen. Die Gruppenmitglieder arbeiten in Paaren zusammen und formulieren eine kurze „Pressemitteilung" voneinander. Auf diese Weise entsteht eine Atmosphäre freundlicher Kooperation.
Diese Vorgehensweise empfiehlt sich besonders für Gruppen mit vorsichtigen bzw. noch nicht besonders flexiblen Teilnehmern.

Material: Papier und Bleistift.

Anleitung: Damit Sie sich miteinander bekannt machen können, kommen Sie gleich mit einem anderen Gruppenmitglied zusammen, um für Ihren Partner eine Pressemitteilung zu schreiben.
Überlegen Sie einen Augenblick, mit welchem Gruppenmitglied Sie gerne zusammenarbeiten wollen, und bilden Sie dann mit dem betreffenden Teilnehmer ein Paar... (Wenn die Gruppe aus einer ungeraden Zahl von Teilnehmern besteht, kann sich auch eine Dreiergruppe bilden.)
Jetzt will ich Ihnen sagen, wie es weitergeht. Sie haben gleich zehn Minuten Zeit, um sich gegenseitig zu interviewen und um dann anschließend eine Pressemitteilung über Ihren Partner zu verfassen. Diese Pressemitteilung soll folgende Bestandteile haben: Der Name Ihres Partners, sein Arbeitsgebiet und ein paar Dinge über die persönlichen Lebensumstände. Dann geben Sie bitte Auskunft darüber, warum Ihr Partner an dieser Veranstaltung teilnimmt und was er oder sie sich davon verspricht.
Nehmen Sie sich gleich Papier und Bleistift und gehen Sie mit Ihrem Partner an einen Platz, wo Sie gute Arbeitsbedingungen für diese Aufgabe haben. Zeigen Sie Ihre Pressemitteilung dem Partner noch nicht. Sie soll nachher im Plenum eine Überraschung sein. Behalten Sie die Uhr im Auge und kommen Sie nach zehn Minuten zu uns zurück...

(Rufen Sie nach Ablauf von zehn Minuten die Gruppe wieder zusammen und lassen Sie einen Freiwilligen beginnen, die Pressemitteilung für den Partner vorzulesen. Im Anschluß an jede Pressemitteilung soll das vorgestellte Gruppenmitglied Gelegenheit haben, Ergänzungen vorzunehmen, bzw. die Gruppe kann ergänzende Fragen stellen. Anschließend kommt der nächste Teilnehmer an die Reihe.)

6

Philosophie der Arbeit

(30 Minuten)

Ziele: In dieser Übung können die Teilnehmer zwei kurze Sätze aufschreiben, in denen sie ihre persönliche Philosophie der Arbeit formulieren und die im Alltag wirksame Philosophie der Organisation, in der Sie arbeiten. Diese Übung eignet sich besonders für Seminare und Workshops, die im Zusammenhang mit Organisations- und Personalentwicklung stattfinden. Die nonverbale Version dieser Übung hat den Vorteil, daß die Diskussion mit hoher Intensität beginnt. Es gibt jedoch immer wieder Gruppen, wo es ratsam ist, daß die Teilnehmer beim Herumgehen im Raum miteinander sprechen dürfen.

Material: Papier und Bleistift.

Anleitung: Ich möchte Sie zu einer Übung einladen, bei der Sie einander kennenlernen können. Wir werden dabei an ein sehr wichtiges Thema herankommen. Nehmen Sie sich gleich Papier und Bleistift und schreiben Sie dann einen Satz auf, der Ihre persönliche Philosophie der Arbeit am besten und prägnantesten zum Ausdruck bringt. Sie können dazu ein Sprichwort verwenden, einen Slogan oder ein Zitat, und Sie können natürlich auch selbst den Grundsatz mit eigenen Worten beschreiben, der Ihr Verhalten im Arbeitsleben leitet. In einigem Abstand darunter schreiben Sie dann bitte auf, was Ihrer Meinung nach der wichtigste unausgesprochene Grundsatz ist, nach dem sich die überwiegende Zahl der Mitarbeiter Ihres Unternehmens verhält. Ich habe dabei kein offizielles Statement über die Unternehmensziele im Auge, sondern Grundsätze der Firma, die in der Praxis wirksam sind. Nehmen Sie sich für beide Sätze jetzt drei Minuten Zeit...
Und nun nehmen Sie bitte Ihr Papier in die Hand, gehen Sie im Raum herum und zeigen Sie Ihre Notizen jeweils einem anderen Gruppenmitglied. Finden Sie heraus, was der Kollege dazu denkt. Bringen Sie auch in Erfahrung, was das andere Gruppenmitglied selbst notiert hat. Lassen Sie sich für jeden Kontakt

eine bis zwei Minuten Zeit. Gehen Sie dann weiter und versuchen Sie, mit möglichst vielen Gruppenmitgliedern Kontakt aufzunehmen. Und bitte halten Sie eine Spielregel ein: Sprechen Sie nicht miteinander, sondern reagieren Sie nonverbal mit Gesten, Kopfschütteln, Kopfnicken, Schulterzucken usw. In der anschließenden Diskussionsrunde werden wir alle Zeit haben, über diese Dinge zu diskutieren. (10 Minuten)
Nun kommen Sie bitte wieder zu Ihrem Platz im Kreis zurück. Lassen Sie uns unsere Diskussion damit beginnen, daß sich jeder kurz mit seinem Namen vorstellt. Anschließend können wir über Ihre Gedanken, Eindrücke und Gefühle sprechen, die sich gebildet haben, während Sie im Raum herumgegangen sind und eine Menge nonverbaler Kontakte hatten.

7

Symbolischer Gegenstand

(30 Minuten)

Ziele: Dies ist eine psychologisch reizvolle Möglichkeit, miteinander bekannt zu werden und gleichzeitig mitzuteilen, in welcher Stimmung, geistigen oder körperlichen Verfassung jeder das Seminar oder den Workshop beginnt. Auf diese Weise können wir versuchen, die geistige Präsenz der Teilnehmer zu fördern, ohne daß mitgebrachte Störungen und Probleme übergangen werden.

Anleitung: Wahrscheinlich haben Sie, als Sie hier im Raum Platz genommen haben, im stillen festgestellt: „Jetzt beginnt also das Seminar." Aber auch wenn wir die vorgesehene Zeit eingehalten haben, können wir nicht sicher sein, daß das Seminar jetzt beginnt. Genausogut könnten wir sagen, daß das Seminar schon gestern begonnen hat, als jeder seine Reisevorbereitungen getroffen hat, oder daß es begonnen hat, als Sie die Einladung dazu erhielten. Genausogut könnte man behaupten, daß es erst in ein paar Stunden beginnt, wenn wir alle ablenkenden Gedanken vergessen haben, die uns vielleicht mit unerledigten Arbeiten und Aufgaben verbinden oder mit anderen Themen, die für uns wichtig sind.

Ich glaube, niemand kann genau sagen, wann etwas beginnt und wann etwas endet. Vielleicht glauben Sie, daß dies eine ungewöhnliche Überlegung ist. Auf jeden Fall möchte ich dieser Überlegung eine ungewöhnliche Möglichkeit anschließen, wie wir uns alle miteinander bekannt machen können. Ich möchte nämlich, daß Sie gleich irgendeinen Gegenstand im Raum finden, der repräsentativ oder symbolisch ist für Ihre geistige, körperliche oder seelische Verfassung, mit der Sie jetzt auf Ihrem Stuhl sitzen. Sie können irgendeinen Gegenstand finden, den Sie in Ihrem Portemonnaie oder Ihrer Brieftasche haben, z. B. könnten Sie sagen: „Ich fühle mich so frisch wie diese Banknote, die gerade aus der Bundesdruckerei gekommen ist." Ihre Aufmerksamkeit kann aber auch auf eins Ihrer Kleidungsstücke fallen,

und Sie können sagen: „Meine Stimmung ist im Augenblick so grau wie der Stoff meiner Hose.“ Oder Sie können irgendeinen Gegenstand im Raum identifizieren, z. B. könnten Sie sagen: „Ich schwanke zwischen Optimismus und Pessimismus bezüglich des Seminars, so ähnlich wie der Schwingstuhl, auf dem ich sitze.“
Lassen Sie sich drei Minuten Zeit, um irgendeinen Gegenstand zu finden, der irgendwie symbolisch ist für Ihre aktuelle Verfassung. (3 Minuten)
Lassen Sie uns nun uns miteinander bekannt machen. Nacheinander soll jeder seinen Namen sagen und uns erzählen, welchen Gegenstand er oder sie ausgewählt hat und die Gründe, weshalb dieser Gegenstand repräsentativ ist für die eigene Verfassung.
(Wenn Ihre Gruppe mit unkonventionellen Lernmethoden vertraut ist, können Sie auch folgende Variation erproben: Die Teilnehmer wählen als Identifikationsobjekt irgend etwas aus dem Raum oder ihrem Besitz aus, was später herumgegeben werden kann. Dann gibt jedes Gruppenmitglied sein Identifikationsobjekt im Kreis herum und die anderen Teilnehmer versuchen zu raten, welche Verfassung der Gegenstand vermutlich symbolisiert. Anschließend kann der Teilnehmer auf die Interpretationsversuche der Gruppenmitglieder reagieren.)

8

Erfolge, Ziele, Stärken

(45 Minuten)

Ziele: Diese Übung läßt das Seminar mit einem optimistischen Akzent beginnen. Die Teilnehmer können sich kennenlernen, indem sie über berufliche oder persönliche Erfolge, über persönliche oder berufliche Ziele und über persönliche und berufliche Stärken sprechen.
Dabei benutzen wir verschiedene Formationen. Wir beginnen in Paaren, gehen weiter in Quartetten und enden in Oktetten. So haben die Gruppenmitglieder Gelegenheit, schrittweise mehr Sicherheit in dieser ungewohnten Situation zu entwickeln.

Anleitung: Ich möchte dieses Seminar mit einer kurzen Überlegung beginnen. Seminare wie dieses basieren auf einem gewissen Optimismus, daß wir alle in der Lage sind hinzuzulernen, daß wir die Fähigkeit haben, uns weiterzuentwickeln und daß sich auch das Unternehmen entwickeln kann, wenn wir uns verändern.
Wahrscheinlich haben Sie schon häufiger an Seminaren teilgenommen und waren anschließend enttäuscht, daß die Veränderungen bei Ihnen, bei den anderen Teilnehmern oder dem Unternehmen geringer ausfielen, als Sie sich das vielleicht gewünscht haben. Vielleicht können Sie sich solche Enttäuschungen diesmal sparen, wenn Sie daran denken, daß die Natur uns mit zwei widersprüchlichen Tendenzen ausgestattet hat. Wir sind neugierig, veränderungswillig und bereit, große Mühen auf uns zu nehmen, sonst wären wir als Spezies schon längst in der langen Geschichte der Evolution untergegangen, wie die Dinosaurier. Aber wir sind auch genußsüchtig und genießen es, wenn wir uns nach einer großen Anstrengung bequem ausstrecken und eine Pause machen können. Warum wir uns dann wieder aufraffen zu neuen Abenteuern, ist ein Geheimnis. Darum sagen manche Management-Gurus, daß die Unternehmen sich nur weiterentwickeln, wenn es ihnen eine Zeitlang schlecht geht.
Behalten Sie diese Überlegung bitte im Hinterkopf, wenn wir hier weiter zusammenarbeiten. Mit Sicherheit vermischen sich

in jedem von uns beide Tendenzen, und es ist schon viel gewonnen, wenn wir wissen, ob wir uns gerade in einem Erfolg sonnen oder ob wir in einer schwierigen Situation versuchen, neue Wege zu finden.
Für den Anfang habe ich mir einen positiven Einstieg überlegt, im Vertrauen darauf, daß wir gemeinsam auch schwierige Situationen erleben werden. Stellen Sie sich zu Beginn bitte in einer Linie auf, geordnet nach Größe, wie die Orgelpfeifen. Nun können Sie Paare bilden, indem die beiden Teilnehmer von den Enden der Reihe zusammenkommen... (Wenn nötig, kann eine Gruppe auch drei Mitglieder haben.)
Jetzt will ich Ihnen sagen, wie es weitergeht. Gehen Sie an einen Platz im Raum, wo Sie sich ungestört unterhalten können. Sie haben gleich fünf Minuten Zeit, um sich bekannt zu machen und um über einen beruflichen oder persönlichen Erfolg zu sprechen, den Sie in der letzten Zeit genießen konnten. (5 Minuten)

Kommen Sie bitte wieder alle zusammen. Jetzt sollen zwei Paare eine Vierergruppe bilden. Sie haben zehn Minuten Zeit, um sich vorzustellen und um über persönliche oder berufliche Ziele zu sprechen, die im Augenblick wichtig für Sie sind...
(10 Minuten)
Kommen Sie jetzt bitte wieder alle zusammen und bilden Sie Gruppen mit acht Teilnehmern. Sie haben fünfzehn Minuten Zeit, um sich bekannt zu machen und darüber zu sprechen, was Ihre wichtigsten persönlichen und beruflichen Stärken sind...
(15 Minuten)
Nun kommen Sie bitte alle im Plenum zusammen und setzen sich im Kreis hin. Stellen Sie sich bitte den Teilnehmern vor, mit denen Sie bisher nicht zusammengearbeitet haben, und erzählen Sie uns eine wichtige Sache, die Sie in letzter Zeit neu gelernt haben...

9

Gebrauchsanweisung

(45 Minuten)

Ziele: Dies ist eine schöne Herausforderung für die Kreativität der Teilnehmer. Jeder kann eine Gebrauchsanweisung erfinden, die ihn selbst beschreibt.

Material: Eine Kopie des Arbeitsbogens „Gebrauchsanweisung".

Anleitung: Wenn wir neue Menschen kennenlernen, dann versuchen wir meistens herauszufinden, wie wir uns verhalten müssen, damit wir gut mit ihnen auskommen können. Meist ahnen wir bald die Stärken und die Empfindlichkeiten der anderen Person, und wenn wir genügend Lebenserfahrung haben, können wir uns auch vorstellen, was alles noch in jemandem steckt, wie er sich noch entwickeln kann.
Vielleicht können wir diese Mühe des Suchens etwas erleichtern, wenn jeder so freundlich ist, daß er eine kleine Gebrauchsanweisung für die eigene Person erfindet. Sie kennen sich selbst am besten, so daß Sie uns über eine Reihe wichtiger Punkte Auskunft geben können. Sie können diese Gebrauchsanweisung ganz ernsthaft formulieren, aber Sie können natürlich auch Ihren Humor benutzen. Versuchen Sie, sich selbst, das Produkt oder die Dienstleistung, die Sie verkörpern, plastisch und kreativ darzustellen. Damit Sie möglichst viele Gesichtspunkte berücksichtigen können, erhalten Sie gleich ein kleines Merkblatt zu Ihrer Orientierung. Sie haben zehn Minuten Zeit, um diese Gebrauchsanweisung zu formulieren... (10 Minuten)
Kommen Sie nun bitte immer zu viert oder zu fünft zusammen. Sie haben eine Viertelstunde Zeit, um sich bekannt zu machen und sich Ihre Gebrauchsanweisungen vorzulesen...
(Rufen Sie dann alle Teilnehmer zusammen und geben Sie möglichst vielen Gelegenheit, sich vorzustellen und ihren Text vorzulesen. Themenvorschlag für die anschließende Diskussion: Wozu brauchen moderne Unternehmen Mitglieder, die geübt sind in der Kunst der Selbsterkenntnis?)

9

Gebrauchsanweisung

(Arbeitsbogen)

Formulieren Sie bitte eine Gebrauchsanweisung für die eigene Person und berücksichtigen Sie dabei folgende Punkte:

- Aktuelles Einsatzgebiet,
- weitere Anwendungsmöglichkeiten,
- seit wann auf dem Markt,
- Wartung und Pflege,
- Haltbarkeit,
- Risiken und Nebenwirkungen,
- Vergleich mit Konkurrenzprodukten,
- Verbraucherecho,
- Kosten-Nutzen-Relation,
- Produktslogan.

10

Talente für die Zukunft

(45 Minuten)

Ziele: Wir greifen die Neugier der Teilnehmer auf und lenken sie in eine bestimmte Richtung. Sie sollen herausfinden, wer in der Gruppe über die im Arbeitsbogen aufgelisteten Talente jeweils verfügt. Wir haben Talente zusammengestellt, die wir uns von Mitarbeitern und Führungskräften eines lebendigen und effektiven Unternehmens wünschen.

Material: Arbeitsbogen „Talente für die Zukunft".

Anleitung: Ich möchte Sie zu einem Spiel einladen, bei dem Sie sich auf ungewöhnliche Weise miteinander bekannt machen können. Jeder von Ihnen bekommt gleich eine Kopie mit der Überschrift „Talente für die Zukunft". Darauf finden Sie ganz verschiedene Eigenschaften, die wir gerne bei unseren Mitarbeitern oder Führungskräften sehen.
Sie sollen gleich im Raum herumgehen und vielleicht zunächst einmal die anderen Gruppenmitglieder auf sich wirken lassen. Sicher haben Sie dann bereits Ihre Checkliste durchgelesen, so daß Sie die anderen Gruppenmitglieder unter einem bestimmten Blickwinkel betrachten. Wenn Sie jemanden finden, auf den eine der Beschreibungen zutrifft, dann bleiben Sie bitte bei der betreffenden Person stehen, stellen sich mit Ihrem Namen vor und sagen bitte dem Betreffenden, welche Beschreibung Ihrer Meinung nach auf ihn zutrifft. Sagen Sie z. B.: „Ich glaube, daß auf Sie Punkt 3 zutrifft. Ich glaube, daß Sie gut zuhören können. Sie bewegen sich ruhig und konzentriert und schauen den anderen aufmerksam und freundlich in die Augen. Ich heiße (Marina Felsenstein). Wie ist Ihr Name?... Vielen Dank." Schreiben Sie bitte den Namen des Gruppenmitgliedes, auf den die Beschreibung zutrifft, auf Ihren Arbeitsbogen.
Dann können Sie weitergehen, um eine neue Entdeckung zu machen. Es ist nicht notwendig, daß Sie für jede Beschreibung jemanden finden, aber es wäre schön, wenn Sie sich selbst auch

an einer passenden Stelle eintragen würden. Wenn Sie mit Ihrer Suche fertig sind, gehen Sie auf Ihren Platz zurück und warten, bis alle anderen ebenfalls ihre Suche abgeschlossen haben. (Anschließend kommt die ganze Gruppe wieder im Plenum zusammen. Die Teilnehmer stellen sich denjenigen vor, mit denen sie noch nicht zusammengetroffen sind. Jeder kann seine Reaktion auf das Spiel mitteilen.
Wenn die Gruppe klein genug ist, können Sie auch so vorgehen: Jeder erläutert in der ganzen Gruppe seine Gründe für seine Einschätzung.)

Talente für die Zukunft

(Arbeitsbogen)

1. Finden Sie jemanden, der so aussieht, als ob er bereit wäre, den Kunden an die erste Stelle zu setzen.

   Name: ....

2. Finden Sie jemanden, der so aussieht, als ob er Männer und Frauen mit gleichem Respekt behandelt.

   Name: ....

3. Finden Sie jemanden, der so aussieht, als ob er gut zuhören kann.

   Name: ....

4. Finden Sie jemanden, der so aussieht, als ob er ein gutes Team-Mitglied wäre.

   Name: ....

5. Finden Sie jemanden, der so aussieht, als ob er ökologisch denkt.

   Name: ....

6. Finden Sie jemanden, der so aussieht, als ob er eigene und fremde Fehler akzeptieren kann.

   Name: ....

7. Finden Sie jemanden, der so aussieht, als ob er die Qualitäten eines gutes Lehrers oder Mentors hat.

   Name: ....

(Arbeitsbogen, Blatt 2)

8. Finden Sie jemanden, der so aussieht, als ob er einen guten Blick für die Talente anderer hat.

   Name: ....

9. Finden Sie jemanden, der so aussieht, als ob er sich in flachen Hierarchien besonders wohl fühlt.

   Name: ....

10. Finden Sie jemanden, der so aussieht, als ob er ein harter Arbeiter ist.

    Name: ....

11. Finden Sie jemanden, der so aussieht, als ob er kreativ wäre.

    Name: ....

12. Finden Sie jemanden, der so aussieht, als ob er auch in Krisen nicht den Mut verliert.

    Name: ....

13. Finden Sie jemanden, der so aussieht, als ob er sich in andere hineinversetzen kann.

    Name: ....

14. Finden Sie jemanden, der so aussieht, als ob er bereit ist, für seine Grundsätze öffentlich einzutreten.

    Name: ....

15. Finden Sie jemanden, der so aussieht, als ob er neugierig ist.

    Name: ....

Indirekte Vorstellung

(30 Minuten)

Ziele: Dies ist eine sehr reizvolle Aktivität zum Kennenlernen. Jeder sucht sich irgendeinen anderen Menschen aus und erzählt aus der Perspektive dieser Person ein wenig über sich. Auf diese Weise kommt mehr Tiefe in die Vorstellung. Wir können herausfinden, ob der betreffende Teilnehmer in der Lage ist, sich kritisch zu sehen, und wieweit er an der Meinung anderer wirklich interessiert ist.

Anleitung: Sie wissen, daß über unseren Erfolg im Berufsleben nicht allein unsere Selbsteinschätzung ausschlaggebend ist. Sehr wichtig ist das Bild, das sich andere von uns machen. Manchmal sehen andere uns positiver, als wir uns selbst sehen, manchmal ist ihr Urteil kritischer als unser eigenes. Und mit Sicherheit tun wir uns selbst keinen Gefallen, wenn wir unser Mäntelchen nach dem Wind hängen und uns nur so verhalten, wie andere sich das vielleicht wünschen. Aber um mit anderen auskommen zu können, ist es wichtig, daß wir eine Ahnung haben, wie wir von anderen gesehen werden. An solche Überlegungen knüpfe ich an, wenn ich Ihnen jetzt ein Spiel vorschlage, wie wir uns miteinander bekannt machen können. Jeder soll sich gleich in der Gruppe so vorstellen, wie es irgendeine andere Person tun würde: ein Mitarbeiter, der Vorgesetzte, der beste Freund oder sonst jemand. Und aus der Perspektive dieses Menschen soll jeder dann etwas über sich erzählen, über seine Vorlieben, über Stärken und Schwächen, seine Hoffnungen, seine Stellung im Unternehmen, seine besonderen Eigenheiten, den Lebensweg und die Fähigkeit, sich zu entwickeln und zu verändern.
Und nun will ich Ihnen erklären, wie das jeder machen soll: Einer zur Zeit stellt sich hinter seinen Stuhl und gönnt sich ein paar Sekunden Zeit, um sich mit der Person zu identifizieren, die ihn vorstellen soll. Vielleicht ist es sogar eine gute Idee, wenn Sie dabei die typische Körperhaltung einnehmen, die für diese Person charakteristisch ist. Und dann können wir anfangen,

indem wir z. B. sagen: „Mein Name ist Victor Klampmann. Vor mir auf dem Stuhl sitzt Marlene Schneider. Sie ist schon zwei Jahre meine Mitarbeiterin, aber ich kenne sie schon länger. Sie ist mir immer aufgefallen, weil sie sich so temperamentvoll bewegt und so ein charakteristisches helles Lachen hat..."
Bei dieser indirekten Vorstellung sollen Sie wirklich versuchen, so über sich zu sprechen, wie es diese andere Person tun würde. Natürlich kann auch diese Person Sie nicht umfassend und in allen Punkten richtig kennen. Darum können Sie anschließend folgendes machen: Wenn diese andere Person mit ihrer Vorstellung fertig ist, setzen Sie sich auf Ihren Stuhl zurück, und dann können Sie sich selbst wieder Ihre eigene Stimme geben und einige Anmerkungen machen. Sie können z. B. sagen, wo Sie dieser Person zustimmen, was Sie anders sehen usw. Und anschließend hat dann die Gruppe Gelegenheit, ein paar kurze Fragen zu stellen. Dann kommt das nächste Gruppenmitglied an die Reihe.
Ich selbst werde gleich den Reigen eröffnen, dann möchte ich meinen rechten Nachbarn bitten, fortzufahren...

Partner-Interview

(30 Minuten)

Ziele: Dies ist eine klassische Methode, die Teilnehmer miteinander bekannt zu machen. Sie betont indirekt wichtige Aspekte der Seminararbeit: Interaktion, Kooperation, Zuhören, Kommunikation und den Wechsel verschiedener Arbeitsstrukturen.

Anleitung: Ich möchte Sie dazu einladen, sich miteinander bekannt zu machen, und zwar auf folgende Weise: Suchen Sie sich irgendein anderes Gruppenmitglied aus, am besten eins, das Sie gar nicht oder nur oberflächlich kennen.
Gleich haben Sie sechs Minuten Zeit, um sich zurückzuziehen und sich gegenseitig zu interviewen, Ihre Namen zu lernen und sich auszutauschen über Dinge, die Sie interessieren.
Schauen Sie bitte auf die Uhr, damit Sie die Zeit gerecht verteilen. Merken Sie sich bitte gut, was Sie von Ihrem Partner hören, denn Sie sollen ihn dann der Gruppe vorstellen. (6 Minuten)
Kommen Sie nun wieder zur Gruppe zusammen und nehmen neben Ihrem Partner im Kreis Platz. Ich möchte jetzt, daß die Partner sich gegenseitig in der Gruppe vorstellen. Derjenige, der seinen Partner vorstellt, soll sich hinter dessen Stuhl stellen und so sprechen, als ob er der Partner wäre, also z. B.: „Ich heiße Fred, bin verheiratet und habe zwei Kinder. Ich stamme aus München, aber ich lebe schon zehn Jahre in Hamburg, weil ich hier meine erste Stelle als Volontär in einem großen Pressehaus gefunden habe..."
Wenn Sie Ihren Partner vorgestellt haben, dann sollen die anderen Gruppenmitglieder Gelegenheit haben, noch ein paar zusätzliche Fragen zu stellen. Versuchen Sie, diese Fragen so gut wie möglich zu beantworten. Anschließend kann der sitzende Partner Ihre Antworten ergänzen oder korrigieren.
(Fordern Sie irgendein Paar auf, mit der Vorstellung zu beginnen.)

13

Konzentrische Kreise

(30 Minuten)

Ziele: Dies ist eine schöne Möglichkeit, die den Teilnehmern hilft, miteinander warm zu werden. Jeder hat Gelegenheit zu einer kurzen Interaktion mit genau der Hälfte der anderen Teilnehmer. Das Arrangement des Doppelkreises sorgt dafür, daß sich gleichzeitig ein Empfinden der Zusammengehörigkeit der Gruppe entwickeln kann. Wenn die Gruppe aus einer ungeraden Zahl von Teilnehmern besteht, dann sollen an einer Stelle zwei Teilnehmer ein Zwillingspaar bilden.

Material: Ein kleines Glöckchen.

Anleitung: Ich möchte Ihnen Gelegenheit geben, sich schrittweise miteinander bekannt zu machen. Nehmen Sie bitte alle Ihre Stühle und stellen Sie sie in der Mitte des Raumes in zwei konzentrischen Kreisen auf, so daß sich immer zwei Stühle gegenüberstehen. Nun kann die Hälfte von Ihnen sich in den inneren Kreis setzen und die andere Hälfte in den äußeren Kreis. Achten Sie darauf, daß jeder von Ihnen seinem Partner direkt gegenübersitzt...
Jetzt will ich Ihnen erklären, wie es weitergeht: Die Teilnehmer im inneren Kreis bleiben während der ganzen Aktivität sitzen. Die Teilnehmer im äußeren Kreis rücken jedesmal, wenn ich das Glöckchen benutze, einen Stuhl weiter nach rechts. Immer wenn Sie einem neuen Gruppenmitglied gegenübersitzen, dann stellen Sie sich bitte mit Ihrem Namen vor. Tun Sie dann das, was ich Ihnen vorschlagen werde. Bei jedem Kontakt werde ich Ihnen einen anderen Vorschlag machen. Die Kontakte werden nicht sehr lang sein, ungefähr eine Minute, darum versuchen Sie bitte, die Zeit gut auszunutzen.

– Und nun stellen Sie sich bitte kurz mit Ihrem Namen vor und beenden Sie jeder den folgenden Satz:
  Wenn ich in eine neue Gruppe komme, dann...

(Geben Sie nach ca. 60 Sekunden mit ihrem Glöckchen das Zei-

chen, daß der äußere Kreis einen Platz weiterrrücken soll.
Die folgende Liste hat 26 Aufgaben. Benutzen Sie die Sätze, die Ihnen für Ihre Gruppe besonders geeignet erscheinen. Achten Sie darauf, daß die Kontakte wirklich sehr kurz bleiben.)

- Nun beenden Sie beide bitte den folgenden Satz:
  Das wichtigste Ereignis in meinem Berufsleben war bisher...
- Und jetzt beenden Sie beide bitte folgenden Satz:
  Ich betrachte es als eine meiner größten Stärken, daß ich...
- Folgender Satz soll jetzt von Ihnen beiden beendet werden:
  Wenn Sie mich fragen würden, wie ich mich fühle, dann würde ich sagen...
- Bitte beenden Sie jetzt beide den nächsten Satz:
  Wenn ich mich in einer neuen Gruppe unsicher fühle, dann...
- Machen Sie jetzt Ihrem Partner ein kleines Kompliment, sagen Sie etwas Nettes zu ihm...
- Beenden Sie jetzt bitte beide folgenden Satz:
  Wenn ich Sie aufmerksam anschaue, dann sehe ich...
- Nun geben Sie sich beide die Hand, schauen sich in die Augen und lassen Ihren Partner einen langen Augenblick auf sich wirken und verabschieden sich dann von ihm ohne Worte...
- Folgender Satz soll jetzt von Ihnen beiden beendet werden:
  Von all den Dingen, mit denen ich in der letzten Zeit experimentiert habe, ist mir am wichtigsten...
- Gleich können Sie etwas Neues ausprobieren. Ich möchte, daß die Gruppenmitglieder im Innenkreis sich umdrehen, so daß sie dem Partner den Rücken zukehren. Der Partner im Außenkreis soll seinem Gegenüber 60 Sekunden lang eine schöne Rückenmassage zukommen lassen...
- Danke schön, jetzt wenden Sie sich wieder Ihrem Partner zu und revanchieren sich ebenfalls mit einer Rückenmassage...
  Die Mitglieder im äußeren Kreis sollen sich dazu ebenfalls

herumdrehen, so daß Sie Ihrem Partner den Rücken zuwenden... (60 Sekunden)

Danke schön, wenden Sie sich jetzt wieder Ihrem Partner zu...

- Beenden Sie nun bitte beide den nächsten Satz:
  Ich hoffe, daß ich auf diesem Seminar...
- Folgender Satz soll jetzt von Ihnen beiden beendet werden:
  Am liebsten bin ich mit Menschen zusammen, die...
- Nun beenden Sie beide bitte diesen Satz:
  Wenn mein Vorgesetzter mich Ihnen vorstellen würde, würde er sagen, daß ich...
- Beenden Sie nun bitte beide den nächsten Satz:
  Einer meiner wichtigsten Grundsätze im Leben ist...
- Folgender Satz soll jetzt von Ihnen beiden beendet werden:
  Am glücklichsten bin ich, wenn...
- Jetzt beenden Sie beide bitte diesen Satz:
  In fünf Jahren möchte ich...
- Nun beenden Sie beide bitte den folgenden Satz:
  Über Männer denke ich, daß sie...
- Beenden Sie nun bitte beide den nächsten Satz:
  Über Frauen denke ich, daß sie...
- Und nun den folgenden:
  Eine meiner größten Schwächen ist, daß ich...
- Jetzt beenden Sie beide bitte diesen Satz:
  Am besten kann ich mich regenerieren, indem ich...
- Beenden Sie nun bitte beide den nächsten Satz:
  Damit ich Ihnen vertrauen kann...
- Folgender Satz soll jetzt von Ihnen beiden beendet werden:
  Ein wichtiger Wendepunkt in meinem Leben war...
- Nun beenden Sie beide bitte diesen Satz:
  Was ich ganz und gar nicht ausstehen kann, ist...

- Folgender Satz soll jetzt von Ihnen beiden beendet werden:
  Am meisten fasziniert es mich, wenn...
- Nun beenden Sie bitte beide den nächsten Satz:
  Wenn ich darüber nachdenke, wofür ich dankbar bin, dann fällt mir ein...
- Beenden Sie jetzt beide den nächsten Satz:
  Wenn ich sehe, daß es einem Kollegen schlecht geht, dann...
- Jetzt beenden Sie beide bitte diesen Satz:
  Wenn ich einmal selbst Hilfe brauche, dann...

(Lassen Sie die Teilnehmer anschließend wieder im Kreis Platz nehmen und leiten Sie eine kurze Auswertungs-Diskussion ein. Vielleicht möchten Sie sich an folgenden Fragen orientieren:
- Wie haben sich Ihre Gefühle während dieser Übung entwickelt?
- Welche Aufgabe schien Ihnen besonders bedeutungsvoll zu sein?
- Über wen haben Sie etwas Wichtiges erfahren?
- Wann waren Sie überrascht?
- Wie fühlen Sie sich jetzt in dieser Gruppe?)

Schatzsuche

(30 Minuten)

Ziele: Diese Aktivität gibt den Teilnehmern Gelegenheit, ihrer Neugier zu folgen und einige Gruppenmitglieder etwas besser kennenzulernen. Dabei sollen sie Gemeinsamkeiten herausfinden und Unterschiede. Dieser Vorgang erleichtert es allen, in der Gruppe Fuß zu fassen und das Gefühl der Zugehörigkeit zu entwickeln.

Material: Für jeden Teilnehmer benötigen Sie ein Exemplar des Arbeitsbogens „Schatzsuche".

Anleitung: Wenn eine Gruppe neu zusammenkommt, dann hat wohl jeder den Wunsch, daß er auf Leute trifft, die nett genug sind, daß wir unsere Zeit gerne mit ihnen verbringen. Einige suchen zuerst nach Anknüpfungspunkten, nach Gruppenmitgliedern, die einen ähnlichen Berufsweg genommen haben, die vielleicht denselben Chef hatten, die dieselben Hobbys haben oder eine ähnliche familiäre Situation. Aber manche gehen ganz anders an eine Gruppe heran. Sie schätzen es, wenn sie auf Menschen treffen, die sich von ihnen sehr unterscheiden und sie deshalb anregen können, die vielleicht eine Herausforderung sind, weil sie einen anderen persönlichen Stil pflegen, anders an Probleme herangehen oder ihr Leben ganz anders organisieren.

Ich möchte Sie zu einem Experiment einladen, wo Sie beides miteinander verbinden können. Ich werden jedem gleich ein Formular geben mit dem Titel: „Schatzsuche", das Ihnen helfen kann, Ähnlichkeiten und Unterschiede im Blick auf die anderen Teilnehmer zu entdecken. Sie können im Raum herumgehen und sich Gruppenmitglieder aussuchen, auf die Sie neugierig sind. Führen Sie dann ein kurzes Gespräch und notieren Sie auf Ihrem Formular mindestens eine Gemeinsamkeit, die Sie mit Ihrem Gesprächspartner verbindet, und wenigstens einen wichtigen Punkt, der Sie beide unterscheidet. Vergessen Sie nicht, den Namen des Gruppenmitgliedes aufzuschreiben. Gehen Sie dann weiter und treffen Sie die nächste Person. Treffen Sie nach und nach mindestens sechs Teilnehmer und kehren Sie auf Ihren Platz zurück, wenn Sie Ihre Neugier fürs erste befriedigt haben.

(Wenn alle Teilnehmer ihre Interviews beendet haben, rufen Sie die ganze Gruppe wieder zum Kreis zurück.)
Jetzt soll sich jeder im Kreis der ganzen Gruppe kurz vorstellen, indem er die Dinge benutzt, die er auf seinem Formular notiert hat. Erzählen Sie bitte der ganzen Gruppe die Dinge, die Sie mit den sechs anderen Teilnehmern verbinden, und erzählen Sie auch von den Punkten, die Sie von Ihren Gesprächspartnern unterscheiden. Wenn Sie wollen, können Sie natürlich noch das eine oder andere hinzufügen, das Ihnen wichtig erscheint, damit auch die anderen Teilnehmer etwas besser wissen, wer Sie sind.

Schatzsuche

(Arbeitsbogen)

Bitte gehen Sie zu mindestens sechs anderen Gruppenmitgliedern und unterhalten Sie sich mit ihnen. Notieren Sie zunächst den Namen des Betreffenden und schreiben Sie dann in der Spalte „Gemeinsamkeiten“ auf, was Sie mit dem betreffenden Gruppenmitglied verbindet, z. B.: dieselbe Schule. Schreiben Sie in die Spalte „Unterschiede“ irgendeinen Punkt, der Sie voneinander unterscheidet, z. B.: seit seiner Lehre im Unternehmen, arbeitet seit 15 Jahren für die Firma. (Ich: keine Lehre, ein Jahr im Unternehmen.)

	Name	Gemeinsamkeiten	Unterschiede
1.	....		
	....		
2.	....		
	....		
3.	....		
4.	....		
	....		
5.	....		
	....		
6.	....		
	....		
7.	....		
	....		
8.	....		
	....		

15

Die Kunst der Frage

(45 Minuten)

Ziele: Diese Übung bietet den Gruppenmitgliedern einen schönen Rahmen, um miteinander bekannt zu werden. Am Anfang soll sich jeder überlegen, mit welchen drei Fragen er experimentieren möchte. Auf diese Weise kann jeder selbst entscheiden, wie konventionell bzw. wie kreativ seine Fragen sein sollen.

Material: Papier und Bleistift.

Anleitung: Wenn wir mit neuen Leuten zusammentreffen, dann sind wir in vielen Fällen neugierig und möchten mehr von den anderen wissen. Aber normalerweise interessieren uns nicht immer dieselben Leute. Unsere Neugier reagiert auf die Menschen, die wir im Leben treffen, und läßt uns im geheimen immer ganz unterschiedliche Fragen stellen. Wenn wir auf jemanden treffen, der ungeheuer selbstbewußt und erfolgreich auf uns wirkt, dann möchten wir vielleicht herausfinden, wie der Betreffende es geschafft hat, soviel Selbstsicherheit zu entwickeln. Wenn wir mit jemandem zusammenkommen, dessen Abteilung im Rahmen der Effizienzsteigerung sehr verkleinert worden ist, dann möchten wir vielleicht wissen, welchem Umstand der Betreffende es verdankt, daß er selbst dort weiterarbeiten darf. Wenn wir jemanden entdecken, der völlig untypisch ist für die Mitarbeiter in einem bestimmten Unternehmensbereich, dann interessiert uns vielleicht, wer diesen Menschen ohne den klassischen „Stallgeruch" dorthin geholt hat und warum. Unsere Neugier greift unweigerlich interessante indirekte Informationen auf, die wir gerne überprüfen und genau verstehen möchten. So ähnlich wird es auch hier sein.

Darum möchte ich Ihnen vorschlagen, daß Sie sich jetzt hier genau umschauen im Kreis der anderen Gruppenmitglieder und bemerken, was Ihre Neugier Ihnen alles zu bedenken gibt. Hören Sie einfach die leise Stimme Ihrer Fragen. Dann entscheiden Sie sich bitte im Blick auf diese Gruppe, welche drei Fragen

Ihnen nachher am besten dienen können, um andere kennenzulernen. Versuchen Sie, solche Fragen auszuwählen, die Ihrer Neugier gerecht werden.

Es kann natürlich auch sein, daß Sie sich im Augenblick müde fühlen oder aus irgendeinem Grunde resigniert, weil Sie vielleicht denken, daß es sich nicht lohnt, neugierig zu sein. Dann können Sie sich natürlich auch für ganz selbstverständliche Fragen entscheiden, wie z. B.: „In welcher Abteilung arbeiten Sie?" oder „Wie lange sind Sie schon in dem Unternehmen?"

Was immer für Sie zutrifft, schreiben Sie jetzt drei Fragen auf, die Sie nachher einzelnen Personen in der Gruppe stellen wollen, um sie besser kennenzulernen. Sie haben dafür drei Minuten Zeit.

Jetzt will ich Ihnen sagen, wie es weitergeht. Gleich können Sie aufstehen, im Raum herumgehen und Gruppenmitglieder treffen, auf die Sie neugierig sind. Dann können Sie jeweils eine Ihrer Fragen benutzen, um sie dem anderen Teilnehmer vorzulegen. Halten Sie die Kontakte kurz, damit Sie möglichst viele verschiedene Gruppenmitglieder treffen können. Verwickeln Sie sich in keine Diskussion, geben Sie nur die Antwort, fragen Sie vielleicht einmal kurz nach und gehen dann weiter.

(10 – 15 Minuten)

Nun kommen Sie bitte alle wieder zum Kreis zurück. Ich möchte, daß sich einer von uns der gesamten Gruppe vorstellt. Sagen Sie bitte Ihren Namen und geben Sie uns die Informationen, von denen Sie glauben, daß sie uns helfen, eine Gruppe zu werden. Wenn diese Person zu Ende gesprochen hat, können die anderen Gruppenmitglieder noch Informationen und Eindrücke beisteuern, die sie in der ersten Runde des Herumgehens aus den kurzen Gesprächen gewonnen haben. Auf diese Weise kann die Grundlage geschaffen werden, daß wir von jedem Gruppenmitglied ein plastisches Bild bekommen.

(Wenn alle Teilnehmer sich vorgestellt haben, können Sie besprechen, mit welchen Fragen die Teilnehmer experimentiert haben. Welche Fragen haben sich bewährt, welche haben die besten Ergebnisse gebracht? Wer hat auf seine Neugier gehört und ihr mit seiner Frage eine Stimme gegeben?)

16

Ressourcen und Belastungen

(60 Minuten)

Ziele: Diese Übung hat eine sehr reizvolle Struktur. Die Gruppenmitglieder können anonym eine Ressource und eine Belastung formulieren und dann verfolgen, wie ein anderes Gruppenmitglied damit umgehen würde. Die Identifikation mit wichtigen Aspekten im Leben des anderen schafft eine Atmosphäre der Gemeinsamkeit und hilft der Gruppe, auf ungewöhnliche Weise zusammenzuwachsen.

Material: Papier und Bleistift; zwei Schachteln (eine weiße, eine schwarze) oder zwei verschiedenfarbige Hüte.

Anleitung: Wenn eine Gruppe neu zusammenkommt, dann bringt jeder Teilnehmer Ressourcen und Belastungen mit.
Unter Ressourcen verstehe ich alle Erfolge, die jemand mitbringt, alles, was er gelernt hat, alle Erfahrungen, alle Erinnerungen, die ihm ein gutes Gefühl geben.
Unter Belastungen verstehe ich alle ungelösten Probleme, alle Mißerfolge, die nicht befriedigend in neues Lernen aufgelöst werden konnten, alle aktuellen Schwierigkeiten und überhaupt alles, was dem Betreffenden ein unsicheres oder unangenehmes Gefühl gibt.
Eine Gruppe ist ein Schmelztiegel, in den diese beiden Bestandteile hineingehen. Die Ressourcen können benutzt werden, damit wir voneinander lernen, und die Belastungen sollen wenigstens teilweise aufgelöst werden in neues Lernen, in neues Wissen, in neue Ideen. Und weil uns die Ressourcen ein gutes Gefühl geben und die Belastungen uns eher unruhig machen, werden wir angetrieben, uns zu verändern und dazuzulernen.
Das Gute an einer Gruppe ist, daß wir uns gegenseitig bei diesem Prozeß helfen können. Und damit das von Anfang an klar ist, daß wir hier zusammengekommen sind, um zusammen zu lernen, habe ich mir eine Übung überlegt, mit deren Hilfe wir das gut praktizieren können. Nehmen Sie bitte ein Blatt Papier

und trennen Sie es in der Mitte durch. Schreiben Sie auf das eine Blatt irgend etwas, was Sie Gutes mitgebracht haben, etwas, was Ihnen ein gutes Gefühl gibt, z. B. einen Erfolg, den Sie kürzlich hatten, eine Fähigkeit, die Sie entwickelt haben, einen Konflikt, den Sie gelöst haben, eine wichtige Beziehung, die Ihnen Optimismus gibt. Schreiben Sie das so auf, daß ein anderer verstehen kann, wovon die Rede ist. Nehmen Sie dann die andere Hälfte und schreiben Sie irgendeine Belastung auf, die Sie mitgebracht haben, irgend etwas, womit Sie kämpfen, wofür Sie noch keine Lösung gefunden haben, ein schwieriges Problem, einen unerledigten Konflikt, eine schwierige Beziehung, ein negatives Erlebnis usw.

Bitte schreiben Sie das auch so auf, daß ein anderer verstehen kann, worum es geht. Schreiben Sie beide Dinge ganz anonym auf, lassen Sie Ihren Namen weg sowie alle Hinweise, die einen Rückschluß auf Ihre Person zulassen.

Wenn Sie das aufgeschrieben haben, dann falten Sie beide Blätter ganz klein zusammen. Legen Sie den Zettel mit den Ressourcen in die weiße Schachtel und den Zettel mit den Belastungen in die schwarze...

(Warten Sie ab, bis alle Zettel dort deponiert sind.)

Jetzt möchte ich, daß sich jeder aus beiden Schachteln irgendeinen Zettel herausholt. Stellen Sie sicher, daß Sie nicht Ihren eigenen Zettel herausgefischt haben.

Nun will ich Ihnen sagen, wie es weitergeht. Ein Freiwilliger wird gleich beginnen. Stellen Sie sich mit Ihrem Namen vor und dann lesen Sie vor, was auf dem Zettel mit der Ressource steht. Erzählen Sie uns, was es für Sie bedeuten würde, wenn es Ihnen so ginge. Wie würden Sie sich fühlen? Welche Auswirkungen hätte das auf Ihr Leben, auf Ihre Selbstachtung und auf das Gefühl von Kontrolle, das Sie in Ihrem Leben haben möchten?

(Lassen Sie in einer ersten Runde jeden Teilnehmer diesen positiven Zettel vorlesen und dazu assoziieren. Wenn andere Gruppenmitglieder Fragen oder Anmerkungen machen möchten, ist das gut möglich. Das Gruppenmitglied, von dem die Notiz stammt, soll sich nicht zu erkennen geben, und es soll auch nicht

geraten werden, von wem die Notiz stammt.)
Nun können wir die zweite Runde beginnen. Irgend jemand kann anfangen und den Zettel mit der Belastung vorlesen. Erzählen Sie uns dann, wie Sie sich fühlen würden, wenn Sie diese Belastung hätten. Sagen Sie uns, ob Sie diese Schwierigkeit aus Ihrem eigenen Leben kennen, ob Sie mit einer ähnlichen Herausforderung schon einmal zurechtgekommen sind oder was Sie tun würden, wenn Sie das Problem das erste Mal hätten. Würden Sie es auch in Betracht ziehen, mit jemandem darüber zu sprechen, einfach um Ihr Herz auszuschütten?...
(Auch hier soll der Verfasser sich nicht zu erkennen geben und die Gruppe soll auch nicht spekulieren, von wem diese Belastung aufgeschrieben wurde. Zwischenfragen und Reaktionen aus der Gruppe bereichern den Prozeß.)

17

Erste Eindrücke

(60 Minuten)

Ziele: Für manche Gruppenmitglieder ist es sehr nützlich, wenn sie etwas darüber erfahren können, welchen Eindruck sie bei Personen hinterlassen, die ihnen unbekannt sind. Dieses Wissen kann ihnen einige Unsicherheit nehmen, und die größere innere Ruhe kann dafür sorgen, daß sie Kontakte in Zukunft lebendiger, kreativer und offener gestalten.

Material: Für jeden ein Stück Bastelkarton im Format DIN A4, eine Sicherheitsnadel und ein Faserschreiber.

Anleitung: Wahrscheinlich fragen Sie sich manchmal, wie Sie auf jemanden gewirkt haben, mit dem Sie das erste Mal zusammengetroffen sind. Oft sagen uns unsere Interaktionspartner erst viel später, wie sie auf uns und unser Verhalten bei unserem ersten Zusammentreffen reagiert haben. Darum möchte ich Sie jetzt zu einer Übung einladen, die man nur gleich am Anfang einer Gruppe durchführen kann.

Jeder von Ihnen bekommt gleich ein Stück Schreibkarton und eine Sicherheitsnadel. Bitten Sie ein anderes Gruppenmitglied, den Karton oben an Ihrem Rücken zu befestigen...

Nun möchte ich Ihnen sagen, wie diese Übung geht. Im Laufe der nächsten Viertelstunde sollen Sie bei jedem anderen Gruppenmitglied einen Punkt auf den Rücken schreiben, der Ihnen aufgefallen ist. Sie müssen natürlich eine Auswahl treffen. Wenn wir anderen Menschen begegnen, haben wir viele verschiedene Eindrücke. Manchmal raten wir das Alter oder die berufliche Position oder die Vermögensverhältnisse. Mancher interessiert sich für die beruflichen Fähigkeiten eines anderen und spekuliert darüber, ob der andere ein kreativer Ingenieur oder ein geschickter Marketing-Fachmann ist. In anderen Fällen interessieren uns die persönlichen Merkmale. Wir versuchen uns ein Urteil zu bilden, ob der andere tolerant oder nachtragend, empfindlich oder humorvoll, freundlich oder verschlossen ist, oder wir überlegen

uns, wie unser Gegenüber die verschiedenen Rollen im Leben spielt, ob er ein loyaler Vorgesetzter, ein guter Vater oder ein Partner ohne Macho-Allüren ist. Und natürlich gibt es auch viele andere Dinge, die unsere ersten Eindrücke prägen.
Sie können gleich im Raum herumgehen und die anderen Gruppenmitglieder auf sich wirken lassen. Wenn Sie wollen, können Sie auch ganz kurze Gespräche führen, die nicht länger als 60 Sekunden sein sollen. Sie können auch die Interaktionen zwischen den anderen Gruppenmitgliedern beobachten und daraus Ihre Schlüsse ziehen. Machen Sie sich im Geiste Notizen, welche Eindrücke Sie gewinnen, und überlegen Sie gut, welchen Eindruck Sie bei dem einzelnen Gruppenmitglied auf den Rücken schreiben wollen. Versuchen Sie, einen solchen Eindruck aufzuschreiben, von dem sie glauben, daß der andere einen Gewinn davon hat. Das kann im konkreten Fall bedeuten, daß Sie entweder einen erfreulichen ersten Eindruck notieren oder, wenn Sie das für richtig halten, einen kritischen oder einen neutralen. Damit Sie den anderen nicht erschrecken, ist es vielleicht nett, wenn Sie ihn mit einer kurzen Bemerkung warnen: „Halten Sie bitte einen Augenblick still, damit ich Ihnen etwas mitteilen kann." Es ist nicht notwendig, daß Sie Ihren Namen dazuschreiben.
Achten Sie bitte sorgfältig darauf, daß Sie niemanden auslassen. (Helfen Sie den Teilnehmern, die von allen einen Kommentar bekommen haben, und nehmen Sie die Blätter von ihren Rücken ab. Diese Teilnehmer können sich wieder auf ihren Platz setzen. Wenn alle Teilnehmer im Kreis sitzen, kann eine Vorstellungsrunde beginnen.)
Wahrscheinlich haben Sie die Liste mit den ersten Eindrücken schon durchgelesen, die Sie zurückbekommen haben. Stellen Sie sich jetzt noch einmal der Gruppe vor und benutzen Sie die Rückmeldungen, die Sie bekommen haben. Vielleicht sind Ihnen einige Dinge vertraut, vielleicht sind einige Dinge neu, vielleicht haben die anderen Gruppenmitglieder etwas nicht bemerkt, was Sie uns jetzt von sich aus über sich mitteilen möchten.

18

Lebensläufe

(60 Minuten)

Ziele: Manchen Gruppen wird die Arbeit erleichtert, wenn die Teilnehmer eine Vorstellung von den Biographien der übrigen Mitglieder haben. Wenn das der Fall ist, dann ist dieses ein sehr schönes Experiment für den Beginn einer Gruppe. Die Gruppe sollte nicht mehr als zwölf Teilnehmer haben. Es ist wichtig, daß Sie darauf achten, daß niemand länger als drei Minuten spricht. Benutzen Sie eine kleine Sanduhr oder etwas Ähnliches, damit alle die gleichen Chancen haben.

Anleitung: Es ist immer wieder erstaunlich, wenn wir von anderen hören können, wie ihr Leben verlaufen ist. Erstaunlich ist vor allem, daß es dabei immer wieder überraschend zugeht. Manche Menschen beginnen ihr Leben mit hervorragenden Voraussetzungen, und manchmal geraten sie dann später in große Schwierigkeiten. Andere haben einen sehr schwierigen Start, aber sie scheinen dadurch nur widerstandsfähiger zu werden und führen ein sehr produktives Leben. Und völlig unverständlich für uns ist das Wirken des Schicksals. Niemand ist sicher vor widrigen Umständen, vor Krankheiten oder Unfällen. Genausogut können wir beobachten, daß es immer wieder vorkommt, daß jemand sehr großes Glück hat, daß es zu einer sensationellen Heilung kommt, daß jemand einen hervorragenden Mentor findet, der ihn sehr fördert, oder daß jemand in ein Kooperationsverhältnis kommt, aus dem sich erstaunliche Erfolge ableiten.

Und immer wieder müssen wir feststellen, daß wir unser persönliches oder berufliches Schicksal nur zum Teil bestimmen können, aber wir können auch oft beobachten, daß es einfach weiser ist, wenn wir mit dem Fluß des Lebens mitschwimmen und bereit sind zu Veränderungen, daß wir dann dafür weniger frustriert sind und viel interessanter leben.

Wahrscheinlich werden im Laufe unserer gemeinsamen Arbeit viele interessante Dinge aus all den Lebensläufen zur Sprache kommen. Darum kann es am Anfang genügen, wenn wir eine

ganz grobe Übersicht haben.
Jeder von Ihnen bekommt dann drei Minuten Zeit, um ein ganz holzschnittartiges Resümee seines Lebens zu geben. Erzählen Sie uns die wichtigsten Stationen Ihres Lebens, Höhepunkte, Tiefpunkte, Wendepunkte, und fügen Sie eine Station ein, die es in Wirklichkeit nicht gegeben hat. Das kann eine Station sein, die sich ergeben hätte, wenn Sie an einer Wegkreuzung die andere Straße genommen hätten. Das kann ein Ereignis sein, das Sie sich gewünscht hätten, genauso gut kann es aber auch ein schwieriges Ereignis sein, eine Prüfung, die Sie gerne bestanden hätten, wenn Sie jetzt feststellen, daß Ihnen bisher alles gut geglückt ist.
Wir anderen werden Ihnen aufmerksam zuhören und versuchen herauszufinden, welches Ereignis nicht stattgefunden hat. Versuchen Sie, es uns nicht leicht zu machen, und erzählen Sie auch ungewöhnliche Dinge, damit dieses fiktive Ereignis nicht so offenkundig ist.
(Bei jedem Bericht kann die Gruppe zusätzliche Fragen stellen, Reaktionen mitteilen und natürlich auch Vermutungen anstellen, welches Ereignis hinzugedichtet wurde.
Am Ende können Sie mit den Teilnehmern versuchen, Gemeinsamkeiten in allen Lebensläufen zu identifizieren und charakteristische Unterschiede.)

Premieren

(30 – 45 Minuten)

Ziele: In dieser Übung können sich die Teilnehmer auf wichtige Premieren in ihrem Leben besinnen. Wir haben uns hier für folgende Fragen entschieden:

- Wer war Ihr erster Vorgesetzter?
- Was war Ihr erster großer Erfolg im Berufsleben?
- Was war Ihre erste berufliche Niederlage?

Diese Fragen bringen wichtige Themen ins Spiel, nämlich die Einstellung zu Autoritäten und den Umgang mit Erfolgen und Schwierigkeiten.
Sie können aber auch nach anderen „Premieren“ fragen, wenn Ihnen das im Blick auf Ihre Gruppe passender erscheint:

- Wer war Ihr erster Freund bzw. Ihre erste Freundin?
- Was war Ihr erstes Auto?
- Was war Ihr erstes Hobby?
- Welches Verhältnis haben Sie zu Ihrem ersten Kind?
- Wer war Ihr erster Grundschullehrer?
- Was ist die früheste Erinnerung, die Sie haben?
- Mit wem hatten Sie den ersten großen Konflikt in Ihrem Leben?

Anleitung: Premieren in unserem Leben haben manchmal etwas Faszinierendes. Viele von uns werden sich noch daran erinnern können, wie aufgeregt sie waren, als der erste Schultag heranrückte. Wir wußten nicht genau, was uns da erwartete, wie wir mit dem Lehrer auskommen, welche Freunde wir in der Klasse finden würden, wie gut wir mit den mit Sicherheit auftauchenden neuen Forderungen umgehen würden. Ähnlich aufregend war für viele vermutlich auch das erste richtige Rendezvous. Wir waren unsicher, ob wir das zum Ausdruck bringen konnten, was wir innerlich für den Freund oder die Freundin empfanden. Wir konnten nicht wissen, in welchem Maße unsere Gefühle erwidert wurden. Und wir waren vermutlich voller Hoffnung, daß uns hier

der Zugang zu einem Paradies geöffnet wurde, nach dem wir uns schon immer gesehnt hatten.
Auf manche Premieren konnten wir uns einstellen, weil sie von anderen oder von uns selbst geplant waren. Andere Premieren fanden überraschend statt, und wir mußten dann noch stärker improvisieren, z. B. dann, wenn uns überraschend ein neuer Job oder eine neue Aufgabe angeboten wurde.
Und jeder reagiert auf diese Premieren anders, je nach Temperament, Lebenserfahrung und innerer Sicherheit. In früheren Zeiten fanden die Premieren meistens im ersten Drittel des Lebens statt, und dann verlief das private und berufliche Leben mehr in stabilen Bahnen. Heute ist die Wahrscheinlichkeit groß, daß es während unseres gesamten Lebens immer wieder solche Premieren gibt, weil wir in einer Zeit des schnellen Wandels leben, in der sich Technologien, Lebensstile, wirtschaftliche Prozesse in kurzen Abständen wandeln.
Darum ist es vielleicht interessant, wenn wir uns zum Kennenlernen mit den Premieren beschäftigen, die jeder von uns im Leben hatte, und wie er sich auf sie einstellen konnte. In einer ersten Runde soll sich jeder von uns kurz mit seinem Namen vorstellen und uns dann zwei Minuten erzählen, wer sein erster Chef war, was er von ihm lernen konnte, wie er mit ihm auskam und mit welchen Empfindungen er sich von diesem Chef verabschieden konnte. Ich will selbst anfangen, und dann soll mein rechter Nachbar weitermachen...
In der zweiten Runde können wir uns mit einer Premiere beschäftigen, die sich nicht so objektiv bestimmen läßt. Lassen Sie uns über den ersten großen Triumph in unserem Berufsleben sprechen. Wichtig ist dabei nicht in erster Linie, wie andere diesen Erfolg damals eingeschätzt haben, sondern unser eigenes persönliches Erleben. Berichten Sie daher von einem Erfolg, der für Sie selbst sehr wichtig war, den Sie genossen haben, bei dem Sie hinterher im stillen sagen konnten: „Das hast du gut gemacht." Diesmal soll mein linker Nachbar beginnen, und es soll wieder so sein, daß jeder von uns zwei Minuten Zeit für seinen kleinen Bericht hat.

In der dritten Runde soll uns die Frage beschäftigen: Was war meine erste bedeutende Niederlage im Berufsleben? Wir alle wissen, daß solche Niederlagen, Fehler, Mißerfolge unvermeidlich sind. Wer sie vollständig vermeiden will und immer auf Nummer sicher geht, wird es schwer haben, zu wirklich neuartigen Problemlösungen zu gelangen. Darum ist es bei dieser Frage nicht nur interessant, was damals passierte, sondern in welchem Maße es dem einzelnen gelang, aus einer Niederlage zu lernen. Oft spornen uns ja unsere Mißerfolge an, besser zu werden, anders über die Dinge zu denken und die Intensität unserer Bemühungen zu vergrößern.
Aus den Antworten zu dieser Frage können wir vielleicht besonders viel lernen. Diesmal können wir es vielleicht so machen, daß nicht immer der Nebenmann das Wort ergreift, sondern daß Sie einzelne Gruppenmitglieder, auf die Sie neugierig sind, bitten, die Frage zu beantworten.
(Diese Prozedur sorgt dafür, daß die Teilnehmer das Interesse, das sie füreinander haben, ausdrücken können. Am Ende dieser Runde können Sie versuchen, ein kurzes Resümee aller drei Runden zu geben. Zeigen Sie anhand der vielen Beispiele, daß wir alle Premieren benutzen können, um Ressourcen zu bilden. Weisen Sie ebenfalls darauf hin, daß jeder das Recht hat, Fehler zu machen. Das gibt den Teilnehmern auch für das Seminar die Erlaubnis zu experimentieren.)

Komplimente

(20 – 30 Minuten)

Ziele: Diese Aktivität hilft Ihren Teilnehmern, die Namen der übrigen Gruppenmitglieder zu lernen. Gleichzeitig setzt sie einen freundlichen Akzent, weil zu jedem Buchstaben des Namens ein Wort (Adjektiv oder Substantiv) gefunden werden soll, das zu der Persönlichkeit des Betreffenden paßt und seine Stärken zum Ausdruck bringt.

Material: Wandtafel oder Flipchart. Wenn Sie eine Wandtafel benutzen, dann soll jeweils der vorige Eintrag gelöscht werden. Wenn Sie ein Flipchart benutzen, dann nehmen Sie bitte immer einen neuen Bogen. Ein kleiner Ball.

Anleitung: Ich möchte Sie zu einer Übung einladen, bei der Sie die Namen der übrigen Gruppenmitglieder lernen können und gleichzeitig ein paar andere Dinge. Jetzt will ich Ihnen erklären, wie das Ganze geht: Einer von Ihnen kann den Anfang machen und uns seinen oder ihren vollständigen Namen mitteilen. Dann soll der Betreffende uns sagen, wie er hier angesprochen werden möchte, mit dem Vornamen oder mit dem Nachnamen. Vielleicht kann der Betreffende uns auch noch ein paar interessante Einzelheiten zu seinem Namen sagen. Manchmal ist es interessant zu wissen, was Vor- und Nachname bedeuten und wer den Vornamen ausgewählt hat. Es kann auch hilfreich sein, wenn wir wissen, wie jemand zu seinem Namen steht, ob er z. B. seinen Vornamen lieber hat oder seinen Nachnamen, oder wie der Name richtig ausgesprochen werden soll.

Dann werde ich den gewünschten Namen für alle sichtbar anschreiben und danach werde ich ihn senkrecht hinschreiben, so daß die Buchstaben in einer Kolumne untereinander stehen. Nun kommt es darauf an, daß wir für jeden Buchstaben ein Wort finden, das zu der Persönlichkeit des betreffenden Gruppenmitgliedes paßt. Nehmen wir einmal an, jemand heißt Leo und möchte auch so genannt werden. Dann würde ich den Namen so aufschreiben:

L E O.

Anschließend würde ich den Namen ein zweitesmal senkrecht aufschreiben, nämlich so:

L ....

E ....

O ....

Dann müßte Leo darüber nachdenken, welche Adjektive oder Substantive mit den drei Buchstaben seines Namens beginnen, und der Gruppe etwas über ihn sagen können. Also z. B. könnte dieser Leo auf den Gedanken kommen, daß er uns mitteilt: Lustig, energiegeladen, optimistisch. Oder wenn Leo eine etwas andere Persönlichkeit hat, könnte er natürlich auch von sich sagen: Liebevoll, eigensinnig, ordentlich.
Sie sehen, es gibt viele Möglichkeiten, daß wir uns von den Buchstaben unseres Namens anregen lassen, unsere Persönlichkeit zu beschreiben... Wer von Ihnen möchte nun den Anfang machen? Natürlich können sich die einzelnen Gruppenmitglieder dabei einschalten, Fragen stellen, Anmerkungen machen usw. Wenn zu jedem Buchstaben ein Wort aufgeschrieben ist, dann gibt es zwei Möglichkeiten: Entweder liest das betreffende Gruppenmitglied uns diese Worte hintereinander vor, oder der Betreffende bittet die Gruppe, im Chorus mysticus vorzulesen. (Wenn sich alle Gruppenmitglieder auf diese Weise vorgestellt haben, können Sie noch einen kleinen spielerischen Test anschließen:)
Nun können wir die Namen noch einmal üben, und zwar auf folgende Weise: Stellen Sie sich alle im Kreis vor Ihren Stuhl hin. Wir werden diesen kleinen Ball benutzen, um uns im Gebrauch der Anrede und der Namen zu üben. Ich werde gleich den Anfang machen und mir überlegen, wem ich diesen Ball zuwerfen will. Ich werde den Empfänger, den ich mir ausgeguckt

habe, vorwarnen, indem ich ihm zurufe: „Achtung, Ottokar." Ottokar weiß dann zwei Dinge: Daß ich mir seinen Namen gemerkt habe und daß er gleich den Ball fangen muß. Dann kann sich Ottokar überlegen, wem er den Ball zuwerfen will. Werfen Sie aber nicht nur den Ball Personen zu, deren Namen Sie gut behalten haben, genauso gut können Sie den Ball jemandem zuwerfen, dessen Namen Sie vergessen haben. Dann schauen Sie ihm einfach freundlich in die Augen und sagen so etwas wie: „Ich möchte Ihnen den Ball zuwerfen. Können Sie mir bitte noch einmal sagen, wie Sie heißen?" (Achten Sie darauf, daß alle Teilnehmer hierbei einbezogen werden.)

Aktivierung

Aufmerksam gehen

(10 Minuten)

Ziele: Diese Übung macht die Teilnehmer wach und aufmerksam. Sie werden angeregt, ihre Imaginationskraft zu trainieren und ihre Phantasie mit körperlicher Aktivität zu verbinden.

Anleitung: Ich möchte Sie zu einer Aktivität einladen, bei der Sie wach und munter werden können. Stellen Sie die Stühle bitte beiseite und fangen Sie an, langsam im Raum herumzugehen. Bemerken Sie die Teile Ihres Körpers, die sich vielleicht verspannt oder schläfrig anfühlen, und sorgen Sie dafür, daß die Muskulatur hier locker und lebendig werden kann, daß sich die Gelenke an Armen und Beinen lösen und daß auch die Wirbelsäule ihre Elastizität zurückgewinnen kann... (30 Sekunden)
Bleiben Sie jetzt einen Augenblick stehen und schütteln Sie bitte Arme und Beine aus... Nun holen Sie ein paarmal tief Luft, atmen Sie laut aus und lassen Sie noch mehr Anspannung aus Ihrem Körper hinausfließen. Gönnen Sie auch Ihren Augen eine Erholungspause... Lassen Sie die Augenlider ein wenig herabsinken. Fassen Sie nichts mehr scharf ins Auge und lassen Sie Ihren Blick verschwimmen...
Nun können Sie weiter durch den Raum gehen ohne ein besonderes Ziel... Spüren Sie den freien Raum um sich und bemerken Sie, wie er sich manchmal weiter und manchmal enger anfühlt, je nachdem, wo Sie gerade sind... Spüren Sie mit den Fußsohlen den Boden unter sich... Spüren Sie die Luft, die beim Gehen an Ihnen vorbeiströmt, und geben Sie Ihrem Körper weiter Gelegenheit, sich zu entspannen. Wenn Sie ab und zu das Bedürfnis haben stehenzubleiben, dann geben Sie diesem Impuls nach. Bemerken Sie, wie sich das Stehen anfühlt, und gehen Sie nach zehn Sekunden weiter... (1 Minute)
Jetzt bleiben Sie bitte einen Augenblick stehen. Blicken Sie bitte ganz gerade nach vorn. Lassen Sie Ihren Blick tief einsinken in die Dinge, die Sie anschauen. Bemerken Sie die Farben, die Sie sehen, den Umriß und die Form der Gegenstände. Stellen Sie

sich dabei vor, wie schwer oder wie leicht diese Gegenstände sind, wie glatt oder wie rauh sie sich anfühlen würden...
Nun können Sie wieder weitergehen. Stellen Sie sich jetzt vor, daß Sie irgendein Gewicht auf Ihrem Kopf tragen. Spüren Sie dieses Gewicht beim Gehen... Lassen Sie dieses Gewicht verschwinden... Jetzt fühlen Sie bitte irgendein Gewicht an Ihren Hüften und spüren Sie es beim Gehen... Lassen Sie es jetzt verschwinden... Fühlen Sie irgendein Gewicht auf der Oberseite Ihrer Füße und spüren Sie es beim Gehen... Lassen Sie dieses Gewicht verschwinden...
Gehen Sie weiter und werden Sie dabei allmählich schneller. Achten Sie bitte darauf, daß Sie mit niemandem zusammenstoßen... (15 Sekunden)
Nun lassen Sie Ihr Tempo wieder langsam werden... bis Sie wieder ganz gemütlich gehen wie vorher...
Während Sie weitergehen, spüren Sie bitte Ihren Nacken und Ihre Schultern... Vielleicht möchten Sie die Muskulatur dort ein wenig bewegen... Spüren Sie die Haut Ihrer Arme... Spüren Sie Ihre Finger und strecken Sie die Finger ein paarmal... Und während Sie weitergehen, spüren Sie bitte die Rückseite Ihrer Beine, die Muskeln, die Bänder, die Sie beim Gehen benutzen... (10 Sekunden)
Nun bleiben Sie bitte stehen, atmen Sie einmal tief aus und kehren Sie an Ihren Platz zurück.

Imaginäres Ballspiel

(5 – 10 Minuten)

Ziele: Wenn Sie den Wunsch haben, Kreativität und Spontaneität der Gruppe anzuregen und die Teilnehmer miteinander in Kontakt zu bringen, dann ist dies ein gutes Spiel dafür. Am Anfang braucht die Gruppe ein wenig Zeit, um auf den Geschmack zu kommen. Oft werden Sie erstaunt sein, in welche überraschenden Dinge sich der imaginäre Ball verwandeln wird. Je nach Stimmung der Gruppe kann sich der Ball wirklich in absolut verrückte Dinge verwandeln, wobei ein Einfall den anderen provoziert. Für phantasievolle Gruppenmitglieder ist dies eine hervorragende Gelegenheit, die rechte Gehirnhälfte zu benutzen und miteinander Spaß zu haben.

Anleitung: Räumen Sie bitte die Stühle zur Seite und stellen Sie sich dann im Kreis auf. Schauen Sie mich bitte einen Moment an und sehen Sie, daß ich hier in meinen Händen einen unsichtbaren Ball halte, der eine ganz bestimmte Größe und auch ein gewisses Gewicht hat. Ich werde diesen unsichtbaren Ball gleich zu einem anderen Gruppenmitglied werfen in der Hoffnung, daß das betreffende Gruppenmitglied den Ball fängt. Bitte denken Sie daran, daß das Objekt, das geworfen wird, während des Fluges seine Eigenschaften nicht ändert...

Der Empfänger des Balles hat nun zwei Möglichkeiten: Er kann sich dafür entscheiden, denselben Ball, in derselben Größe, mit demselben Gewicht, weiterzuwerfen. Er kann aber auch beschließen, den Ball kleiner oder größer zu machen, ja, er kann sich sogar dafür entscheiden, daß er aus dem Ball irgend etwas anderes macht, z. B.: ein rohes Ei oder eine heiße Kartoffel. Ehe der Ball weitergegeben wird, muß das Gruppenmitglied uns allen pantomimisch zeigen, was er hält und was er weiterwerfen will. Vor dem Wurf soll er uns auch zusätzlich sagen, was er auf die Reise schickt, z. B. kann der Werfer sagen: „Vorsicht, heiße Kartoffel!“ Aber Sie können noch viel weiter gehen. Vielleicht wollen Sie aus dem Objekt, das Sie selbst bekommen haben,

etwas machen, was man nicht gut werfen kann oder sollte. Wenn Sie z. B. aus der heißen Kartoffel einen irischen Wolfshund machen, dann können Sie diesen auch an der Leine zum Empfänger führen.
(Geben Sie der Gruppe etwas Zeit, in Gang zu kommen, und brechen Sie das Spiel ab, wenn es einige Zeit auf vollen Touren gelaufen ist.)

23

Moskitos

(5 Minuten)

Ziele: Wenn im Verlaufe einer längeren Gruppensitzung Ihre Teilnehmer Anzeichen von Müdigkeit, Unruhe oder Ungeduld zeigen, dann können Sie diese Übung benutzen, um schläfrige Gehirne und Körper zu reaktivieren. Die Kombination von Bewegung und Tönen sorgt dafür, daß die Gruppe unweigerlich zu lachen anfängt. Wir benutzen körperliche Aktivität auf humorvolle Weise, damit die Gruppe frische Energie gewinnt.

Anleitung: Bitte stehen Sie kurz auf und verteilen sich im Raum. Strecken Sie die Arme nach den Seiten aus, so daß jeder mit seinem Körper ein großes T bildet. Achten Sie bitte darauf, daß Sie niemanden in Ihrer Nähe berühren können... Das ist gut so.

Jetzt können Sie die Arme wieder herabsinken lassen. Nun sollen Sie zunächst Ihre Stimme benutzen. Erzeugen Sie ein tiefes Summen, ungefähr so, wie eine Hummel summt, die von Blüte zu Blüte fliegt. Es soll sich so anhören, als ob Tausende von Hummeln in unserem Raum herumschwirren. Und nun kommt noch eine besondere Bewegung dazu: Heben Sie die Arme ein wenig an und lassen Sie sie in großen Kreisen rotieren, während Sie diesen Ton summen... So ist es gut.

Jetzt lassen Sie die Arme langsam, langsam höher kommen und machen Sie die Kreise kleiner und schneller. Und während Sie die Arme höher heben, soll das Summen heller werden. Es soll so klingen, als ob wir hier Millionen von Moskitos haben, die durch unseren Raum schwirren...

Lassen Sie die Arme jetzt immer höher gehen, bis sie über Ihrem Kopf sind, und lassen Sie Ihr Summen ebenfalls höher werden, so daß es sich anhört wie die atmosphärischen Störungen im Kurzwellenradio... So ist es gut.

Und nun wollen wir den ganzen Prozeß umkehren, indem wir unsere rotierenden Arme langsam absenken und gleichzeitig auch die Tonhöhe unseres Summens, bis wir wieder Moskitos hören und am Ende die guten alten Hummeln...

Energie

(5 – 10 Minuten)

Ziele: Bei der Seminararbeit brauchen wir viel Energie. Und dieses Spiel kann uns mit neuer Energie versorgen, zu Beginn einer Sitzung, aber auch mittendrin. Außerdem hat dieses Spiel eine schöne Symbolik. Es betont die Einheit der Gruppe.

Anleitung: Stellen Sie sich bitte für ein paar Minuten vor Ihren Stuhl, damit wir uns gemeinsam mit frischer Energie versorgen können. Fassen Sie einander bei den Händen, so daß wir einen schönen gleichmäßigen Kreis bilden. Die Energie wird gleich anfangen, im Kreis herumzufließen, wenn wir nämlich einen Händedruck von Person zu Person weitergeben.
Das erste Mal werde ich die Anstöße dazu geben. Wenn wir das Spiel wiederholen, dann kann ein Gruppenmitglied der Impulsgeber werden.
(Vielleicht geben Sie den ersten Händedruck nach rechts herum und warten, bis dieser Energieimpuls in Ihrer linken Hand wieder ankommt. Dann schicken Sie einen Energieimpuls in die andere Richtung durch den Kreis.
Nun können Sie die Schwierigkeit steigern, indem Sie zwei Energieimpulse in entgegengesetzter Richtung aussenden. Das führt dazu, daß ein Gruppenmitglied ungefähr gleichzeitig Energie aus beiden Richtungen empfängt und gleichzeitig mit beiden Händen reagieren muß, um die beiden Energieströme weiterzuleiten. Noch schwieriger wird die Sache, wenn Sie Energieimpulse nach rechts und links aussenden und die Gruppe die Augen geschlossen hat. Nach ungefähr fünf Sekunden können Sie zwei weitere Impulse aussenden. Wenn Sie ganz kühn sind, können Sie nach weiteren fünf Sekunden neue Impulse geben. Dann verkürzen Sie die Abstände, bis Sie Gelächter hören – dann wissen Sie, daß jetzt genug Energie da ist, um wieder an die Arbeit zurückzugehen.)

25

Einen Elefanten anmalen

(5 – 10 Minuten)

Ziele: Wenn Ihre Gruppe angestrengt und ernsthaft gearbeitet hat, dann bietet dieses Spiel eine gute Gelegenheit, um das Gehirn zu entlasten und um inneren Abstand von der geistigen Beschäftigung zu gewinnen. Die Teilnehmer werden aufgefordert, etwas völlig Widersprüchliches zu tun, aber gerade das unterbricht gewohnte Denkmuster und sicher auch den Ernst der Arbeit. Hier muß das Gehirn ganz neuartig reagieren, besonders, wenn die Teilnehmer schnell antworten. Dabei kommt es unweigerlich zu Komik und allen möglichen Überraschungen. Vielleicht staunt der eine oder andere darüber, wie sehr wir an konvergentes Denken gewohnt sind und wie schwer es uns fällt, die Pfade der Alltagslogik zu verlassen.

Anleitung: Ich möchte Sie zu einer kurzen Regenerationspause einladen, bei der wir unseren Körper benutzen und unsere Kreativität. Stellen Sie die Stühle bitte zurück und sich selbst im Kreis auf. Das Ganze geht so: Einer von Ihnen geht in die Mitte des Kreises und zeigt uns pantomimisch irgendeine alltägliche Aktivität, - z. B. könnte der Betreffende uns zeigen, wie er ein Fenster putzt. Der rechte Nachbar, der im Kreis geblieben ist, fragt dann: „Was machen Sie da?“ Das Gruppenmitglied im Kreis darf alles sagen, nur nicht das, was es wirklich tut. Er kann z. B. sagen: „Ich male einen Elefanten an.“ Dann geht er wieder an seinen Platz im Kreis zurück, und sein rechter Nachbar geht in die Mitte und zeigt uns pantomimisch, wie er einen Elefanten anmalt. Natürlich wird er in seiner ernsthaften Arbeit wieder gestört, weil sein rechter Nebenmann die Standardfrage stellt: „Was machen Sie da?“ Dann antwortet das Gruppenmitglied in der Mitte wieder mit einer völlig abwegigen Behauptung: „Ich pflücke einen Blumenstrauß.“ Dann geht der dritte Teilnehmer in die Mitte und zeigt uns pantomimisch, wie er einen Blumenstrauß pflückt. Und so geht es immer weiter, bis wir einmal im Kreis herumgekommen sind.

Crescendo

(5 – 10 Minuten)

Ziele: Dieses Spiel können Sie auch mit sehr großen Gruppen erproben, vorausgesetzt, Sie haben eine laute Stimme. Voraussetzung für „Crescendo“ ist, daß Sie selbst in guter Laune die Gruppe in Schwung bringen, um dann die Initiative an andere Teilnehmer abzugeben. „Crescendo“ ist besonders günstig für schüchterne Teilnehmer, die immer wieder überrascht sind, daß sie in der Gruppe so ein gewaltiges Echo auslösen können.
Obgleich das Spiel eine einfache Struktur hat, bietet es eine vorzügliche Gelegenheit zur Entwicklung von Kreativität und Spontaneität in Ihren Gruppen.

Anleitung: Ich möchte Sie zu einem Spiel einladen, das Ihre Lebensgeister sehr schnell wecken kann. Wir können dabei zusammen lachen und unsere Zusammenarbeit einmal von einer anderen Seite erleben.
Schieben Sie die Stühle bitte etwas nach hinten und stellen Sie sich in einem Kreis auf. (Wie schon gesagt, müssen Sie selbst mitmachen. Sie stehen an irgendeiner Stelle im Kreis.) Wie Sie wissen, übernehmen viele Mitarbeiter, bewußt oder unbewußt, Einstellungen und Verhaltensweisen wichtiger Führungspersonen. Sie spiegeln das Verhalten ihrer Vorgesetzten. Genau das können Sie jetzt auch machen.
Das Ganze geht so: Ich werde Ihnen irgendeine einfache Bewegung vormachen und diese Bewegung mit einem Ton begleiten. (Sie können z. B. beide Arme nach vorne ausstrecken, als ob Sie jemanden beim Kragen packen wollen, und dabei mit normaler Lautstärke: „Ha“ sagen.) Sie spiegeln dann gemeinsam meine Bewegung und meinen Ton. Dann wiederhole ich meine Bewegung und meinen Ton und mache die Bewegung etwas heftiger und den Ton etwas lauter. Sie bilden wieder mein Echo. Und so geht es weiter. Allmählich werde ich in die Mitte des Kreises gehen, und Sie können den Kreis um mich immer enger und enger machen. Natürlich wird es dabei ganz schön laut und hef-

tig zugehen. Wenn wir den Höhepunkt erreicht haben, den meine Stimme gerade noch aushalten kann, dann werde ich wieder leiser werden und auch sanftere Bewegungen machen. Sie folgen mir bitte auch darin und gehen nach jedem Echo einen kleinen Schritt weiter nach außen, bis Sie wieder Ihren alten Platz erreicht haben. Am Ende werden wir so leise sein, daß niemand außerhalb dieses Raumes denken würde, daß hier eine Gruppe ist. Anschließend können andere Gruppenmitglieder die Führungsaufgabe übernehmen.

(Sie können sehr witzige Effekte erzielen, wenn Sie kurze Sätze statt der Geräusche benutzen. Je nach Art Ihrer Gruppe können Sie mit folgenden Sätzen experimentieren:
- Das ist lächerlich.
- Hallo, was geht hier vor?
- Schschsch... Ruhe jetzt!
- Wir wollen endlich arbeiten.
- Wir sind ein gutes Team.)

27

Stop and go!

(5 Minuten)

Ziele: „Stop and go“ ist eine ganz einfache Möglichkeit, um für eine kurze aktivierende Pause zu sorgen. Die Kontrolle dieses Spiels geht sofort auf die Teilnehmer über, die im übrigen auch bestimmen, wann das Spiel zu Ende ist.

Anleitung: Ich möchte Sie zu einer kurzen erfrischenden Pause einladen. Wir werden gleich ein Spiel zusammen ausprobieren, bei dem wir nicht viel überlegen müssen. Wir können uns dabei einfach bewegen, schön tief und gründlich atmen und es genießen, daß es im Leben auch ganz einfache Dinge gibt, die uns ein gutes Gefühl geben.

Schieben Sie bitte die Stühle zurück und fangen Sie an, im Raum herumzugehen. Jeder kann sich das Tempo aussuchen, das ihm im Moment am meisten liegt. Bewegen Sie dann ein wenig Ihre Schultern und lockern Sie Ihre Rücken- und Halsmuskulatur. (Manchmal empfiehlt es sich, die Fenster zu öffnen, damit Ihre Gruppe frischen Sauerstoff tanken kann.)

Während Sie weiter im Raum herumgehen, will ich Ihnen kurz die Spielregeln erklären: Gehen Sie solange im Raum herum, bis irgend jemand „Stop!“ ruft. Bei diesem Signal werden wir alle bewegungslos stehenbleiben, bis irgendein anderes Gruppenmitglied „Weiter!“ ausruft. Das gibt uns die Erlaubnis, wieder herumzuwandern, bis ein anderes Mitglied „Stop!“ ruft. Jeder von Ihnen kann jedes der beiden Kommandos benutzen. Aber es gibt noch ein drittes Kommando. Wenn jemand von Ihnen den Namen dieses Spieles sagt, dann ist das Spiel zu Ende. (Und selbstverständlich heißt dieses Spiel „Stop and go!“.)

28

Trauben ernten

(5 Minuten)

Ziele: Dies ist eine schöne Streckübung für den Rücken, die gleichzeitig Gelegenheit gibt, tiefer zu atmen und das Gehirn mit mehr Sauerstoff zu versorgen. Nach ein paar Minuten ist Ihre Gruppe wieder wach und munter.

Anleitung: Ich möchte uns allen eine kurze Pause gönnen, damit wir nachher mit neuer Energie wieder an die Arbeit gehen können. Stellen Sie die Stühle etwas nach hinten, so daß Sie um sich herum etwas freien Platz haben. Stellen Sie sich vor, daß vor Ihnen ein alter Weinstock wächst, der an einem alten Bauernhaus hochrankt. Wie das im Leben manchmal so ist, hängen die Trauben so hoch, daß wir uns etwas anstrengen müssen, um sie zu erreichen. Sie müssen sich ganz lang machen und die Arme ganz nach oben strecken, damit Sie die schönen Trauben pflücken können. Und jedesmal, wenn Sie einen Arm hochrecken, atmen Sie bitte gleichzeitig kurz und kräftig ein. Ich will Ihnen zeigen, wie das geht: Erst der rechte Arm... dann der linke Arm... Meine Trauben hängen so hoch, daß ich mich sogar auf die Fußspitzen stellen muß. Okay, nun probieren Sie selbst... Wenn Sie jetzt zwei wunderschöne Trauben in den Händen halten, dann können Sie sich nach vorne runterbeugen und die Trauben in einen kleinen Korb legen, der vor Ihnen steht. Wenn Sie das tun, atmen Sie gründlich aus, ungefähr so... (Nun legen auch Sie bitte Ihre Trauben in den Korb.)
Stellen Sie sich vor, daß es noch mehr Trauben gibt, die Sie ernten können. Ernten Sie abwechselnd mit dem rechten und mit dem linken Arm, atmen Sie gleichzeitig kräftig ein... Legen Sie die Trauben dann unten in den Korb und atmen Sie beim Runterbücken tief aus... Spüren Sie Ihren ganzen Körper dabei und bemerken Sie, wie sich Ihr Körper über das Strecken und das tiefe Atmen freut.

Die magische 11

(5 – 10 Minuten)

Ziele: Dies ist eine gute Kleingruppen-Aktivität und eine hervorragende Teamaufgabe. Allerdings reichen unsere normalen Kooperationsfähigkeiten hier nicht aus. Wir brauchen auch eine Menge Glück, um die gestellte Aufgabe zu lösen. Bei diesem Spiel kann sich niemand auszeichnen und irgendwie glänzen, entweder haben alle eine gute Hand dabei, oder keiner schafft es. Wundern Sie sich nicht, wenn die Trios, die es geschafft haben, die magische 11 zu realisieren, in Freudenschreie ausbrechen.
Das Spiel bietet eine hervorragende Unterbrechung von angestrengter Arbeit. Eine schöne Nebenwirkung: Es verbindet sogar rivalisierende Gruppen miteinander. Spielen Sie selbst nach Möglichkeit mit.

Anleitung: Diesmal möchte ich etwas Ungewöhnliches tun und Sie zu einem kurzen Glücksspiel einladen. Kommen Sie immer zu dritt zusammen und stellen Sie sich an einen Platz im Raum, wo Sie sich aufeinander konzentrieren können. Schauen Sie einander an und legen Sie die linke Hand auf den Rücken. Halten Sie die andere Hand als Faust vor sich hin. Diese geballte Faust brauchen Sie bei unserem Glücksspiel, und das geht so: Nachher soll jedes Mitglied Ihres Teams die geballte Faust langsam hin und her schwenken, während das Team zusammen in eine Art Singsang verfällt, bei dem Sie bis vier abzählen und sich auf den großen Augenblick vorbereiten: Eins, zwei, drei, vier... Das sind die einzigen Worte, die Sie bei diesem Spiel benutzen sollen. Wenn Sie gemeinsam bei vier angekommen sind, dann können Sie Ihre Faust öffnen und beliebig viele Finger zeigen. Ihr gemeinsames Ziel ist es, daß Ihr Team exakt 11 Finger zeigt, ohne daß Sie sich vorher abgesprochen haben. Probieren Sie gleich aus, wie lange Sie brauchen, um die magische 11 einzufangen, und merken Sie sich, wie oft Sie es schaffen, auf diese Zahl zu kommen.

Gemeinsamkeiten

(5 Minuten)

Ziele: Dies ist ein schönes Spiel, das Gelegenheit zu körperlicher Bewegung gibt und gleichzeitig den Teamgeist der Gruppe stärkt. Selbst wenn eine Gruppe schon längere Zeit zusammengearbeitet hat, werden die Teilnehmer dabei ein paar neue Dinge übereinander erfahren.

Anleitung: Kommen Sie bitte immer zu dritt zusammen und bilden Sie diese Trios möglichst mit Gruppenmitgliedern, die Sie gerne noch besser kennenlernen möchten...

Jetzt will ich Ihnen sagen, was die Trios gleich tun sollen. Sie haben drei Minuten Zeit, um so schnell zu reden, wie Sie können, und zwar soll jeder über sich selbst sprechen und gleichzeitig auch zuhören, was die anderen sagen. Das Team hat die Aufgabe, Dinge herauszufinden, die den drei Gruppenmitgliedern gemeinsam sind. Vermeiden Sie nach Möglichkeit die ganz einfachen Lösungen, wie z. B.: Wir sind alle Männer... wir sind alle Mitglieder dieser Gruppe... usw. Aber vielleicht können Sie herausfinden, daß Sie alle drei gern die Musik von Sting hören oder daß Sie alle drei im Sternzeichen des Schützen geboren sind usw.

Aber Sie sollen sich nicht nur geistig bei diesem Spiel bewegen. Wenn Sie nach Gemeinsamkeiten suchen, dann sollen Sie sich hinhocken. Und immer, wenn Sie etwas Gemeinsames gefunden haben, dann dürfen Sie so begeistert darüber sein, daß Sie vor Freude in die Luft springen und zusammen die erste Gemeinsamkeit feiern, indem Sie „Eins" rufen. Dann gehen Sie wieder in die Hocke und suchen die nächste Gemeinsamkeit. Die nächste Gemeinsamkeit feiern Sie mit einem weiteren Luftsprung und indem Sie „Zwei" rufen. Das Ziel ist es, daß jedes Trio zehn Gemeinsamkeiten in drei Minuten findet.

Auf die Plätze, fertig, los...

Gemeinsamer Rhythmus

(5 – 10 Minuten)

Ziele: Jede Gruppe, jedes Team ist darauf angewiesen, daß die Mitglieder in der Lage sind, immer wieder einen gemeinsamen Rhythmus zu finden in der Kommunikation, in der Zusammenarbeit, bei Problemlösungen. Dieses Aktivierungsspiel bietet eine hervorragende Gelegenheit, ganz praktisch zu üben, sich auf andere einzustellen bzw. ein Modell für andere zu sein.

Anleitung: Stellen Sie die Stühle bitte beiseite und nehmen Sie sich ein paar Minuten Zeit für eine kreative Pause. Bleiben Sie bitte stehen, wo Sie gerade sind, und schließen Sie einen Augenblick die Augen. Bemerken Sie, was Ihr Körper gerade tut, wenn Sie mit geschlossenen Augen stehen... Bemerken Sie dieses leichte Schwingen, das sich nahezu von selbst einstellt, wenn wir mit geschlossenen Augen dastehen... Versuchen Sie, sich so hinzustellen, daß Sie das Gefühl haben, eine gute Balance zu haben... Und nun können Sie ein bißchen stärker schwingen, nach rechts... nach links... wieder nach rechts... wieder nach links... Und nun machen Sie einen kleinen Schritt nach der rechten Seite und einen kleinen Schritt nach der linken Seite... Machen Sie die Schritte so, daß Ihr Körper eine ganz sanfte Bewegung vollführt... Und noch einen Schritt nach rechts... und einen nach links... Nun öffnen Sie langsam wieder die Augen und fangen Sie an, langsam und mit weichen Bewegungen durch den Raum zu gehen. Versuchen Sie dabei in demselben Rhythmus zu gehen wie die anderen Gruppenmitglieder. Geben Sie sich Zeit, um mit allen übrigen in demselben Rhythmus durch den Raum zu gehen. Und während Sie im gemeinsamen Rhythmus weiter durch den Raum gehen, können wir mit unserem Schwerpunkt experimentieren. Versuchen Sie, bei diesen kleinen Experimenten den gemeinsamen Rhythmus mit den übrigen Gruppenmitgliedern beizubehalten. Verlagern Sie Ihren Schwerpunkt etwas nach hinten... (15 Sekunden)

Verlagern Sie den Schwerpunkt etwas nach vorn... (15 Sekunden)

Verlagern Sie ihn jetzt nach der linken Seite... (15 Sekunden)
Und jetzt nach der rechten Seite... (15 Sekunden)
Jetzt verlagern Sie ihn ganz nach unten, so daß Sie ganz tief in der Hocke gehen... (10 Sekunden)
Und nun verlagern Sie den Schwerpunkt ganz nach oben, so daß Sie auf Zehenspitzen gehen... (10 Sekunden)
Das war gut so. Jetzt gehen Sie bitte in Ihrem eigenen Rhythmus herum und schütteln Sie Ihre Arme und Beine aus, machen Sie Ihren Körper ganz locker... (30 Sekunden)
Nun gehen Sie so, wie Sie normalerweise auf der Straße gehen... Stellen Sie sich jetzt vor, daß Sie auf einer Geschäftsreise sind. Sie gehen nachts durch die Straßen einer fremden Metropole, vielleicht in New York, vielleicht in Tokio, vielleicht in Lima, und in einer fremden Umgebung wissen wir natürlich nie, ob uns nicht irgend jemand heimlich folgt. Wir werden diese Situation gleich künstlich herbeiführen. Während Sie also in der Phantasie durch nächtliche Straßen gehen, sollen Sie sich nicht umsehen, weil einige von Ihnen sich jemanden aussuchen werden, den sie heimlich verfolgen, indem sie exakt so gehen wie ihr Vordermann. Wenn Sie das eine Weile gemacht haben, können Sie Ihr Opfer wieder allein weitergehen lassen, um Ihren eigenen nächtlichen Gang fortzusetzen. Wenn Sie wieder Lust haben, jemanden zu verfolgen und zu kopieren, dann können Sie das tun. Wechseln Sie einfach hin und her zwischen dem eigenen Bewegungsrhythmus und dem Rhythmus eines anderen Gruppenmitgliedes. (2 Minuten)
Wenn Sie weitergehen, versuchen Sie einmal ganz anders zu gehen, als Sie es normalerweise tun, vielleicht langsamer oder schneller oder mit einem für Sie unnatürlich verlagerten Schwerpunkt. Ab und zu können Sie dann wieder hinter jemandem hergehen und dessen Art zu gehen imitieren. Bemerken Sie dabei, welche anderen Muskelgruppen bei einem veränderten Bewegungsmuster vom Körper benutzt werden. (2 Minuten)
Nun bleiben Sie stehen, wo Sie gerade sind, schütteln Sie Arme und Beine aus und kehren Sie an Ihren Platz zurück...

Nicht mehr und nicht weniger

(5 Minuten)

Ziele: Dies ist eines der kürzesten Spiele zur Aktivierung, gleichwohl sorgt es zunächst für erfrischende Konfusion, für Gelächter und schließlich für einen befreienden Triumph, wenn die Gruppe das Problem gelöst hat. Normalerweise braucht eine Gruppe 60 – 90 Sekunden dafür. Während dieser Zeit erleben die Teilnehmer so viel, daß sie sich gründlich erfrischen.
Wenn die Gruppe mehr als fünfzehn Teilnehmer hat, dann sollten Kleingruppen mit etwa acht Teilnehmern gebildet werden.

Anleitung: Ich möchte Sie zu einer kurzen Pause einladen, damit Sie nachher wieder mit frischer Energie zu unserer gemeinsamen Arbeit zurückkehren können. Lassen Sie uns ein Spiel mit ganz einfachen Regeln spielen. Wir sitzen dabei alle am Boden... Jeder von uns kann sich hinstellen, wann immer er das möchte, aber er darf nicht länger als fünf Sekunden stehenbleiben, danach muß er sich wieder auf den Boden setzen. Wenn man will, kann man dann gleich wieder aufstehen. Als Gruppe haben wir das Ziel, daß immer vier Teilnehmer stehen, nicht mehr und nicht weniger. Ich bin gespannt, wie schnell wir das hinkriegen.

Körperball

(5 – 10 Minuten)

Ziele: Körperball ist eine schöne Aktivierungsübung für eine Gruppe, deren Teilnehmer bereits miteinander vertraut sind und die sich gegenseitig schätzen. Auf spielerische Weise muß ein sportliches Problem gelöst werden. Voraussetzung ist, daß die Gruppenmitglieder sich gut aufeinander einstellen und freundlich miteinander kooperieren. Wenn die ganze Gruppe es geschafft hat, den Ball einmal im Kreis herumwandern zu lassen, dann sind alle zu Recht stolz auf „ihre“ Gruppe.

Material: Ein weicher Ball mit ca. 30 cm Durchmesser.

Anleitung: Die besten Erfindungen sind einfach und effektiv, indem sie uns Arbeit sparen. Zu den genialen Erfindungen, die wir heute für selbstverständlich halten, gehört die Kugel bzw. der Ball. Und auch diese alten genialen Erfindungen können unsere eigene Kreativität anregen, immer neue Dinge mit ihnen auszuprobieren. Wir können z. B. versuchen, einen Ball nur mit unserem Körper zu bewegen.

Wie das gehen soll, will ich Ihnen jetzt erklären: Stellen Sie sich bitte in zwei konzentrischen Kreisen auf. Die Gruppenmitglieder im inneren Kreis schauen nach außen und die Mitglieder im äußeren Kreis schauen nach innen. Und dies ist der Ball, den Sie gleich, ohne die Hände zu benutzen, einmal im Kreis herumwandern lassen sollen, ohne daß er den Boden berührt. Sie müssen den Ball zwischen Ihren Körpern halten und versuchen, ihn von Paar zu Paar weiterwandern zu lassen. Wenn der Ball runterfällt oder mit der Hand berührt wird, muß er an den Start zurück. (Probieren Sie vorher aus, wie der Ball bewegt werden kann. Eine Möglichkeit ist, daß sich die Teilnehmer, die unmittelbar mit dem Ball zu tun haben, um ihre Längsachse drehen. Eine einfachere Problemlösung ergibt sich, wenn sich die beiden Kreise in entgegengesetzte Richtung drehen.)

Falsche Namen

(5 Minuten)

Ziele: Wenn Sie mit Teilnehmern arbeiten, von denen erwartet wird, daß sie im Beruf kreativ sind, dann ist dies eine sehr schöne Übung. Viele Teilnehmer werden überrascht sein, wie schwer diese Aufgabe ist. Logisches Denken haben wir so sehr trainiert, daß es schwer ist, eine Zeitlang darauf zu verzichten.
Wenn Sie den Eindruck haben, daß dieses Experiment Ihren Gruppenmitgliedern nicht genügend Gelegenheit zur Regeneration gegeben hat, können Sie eine zweite kurze Übung anschließen, z. B. „Moskitos“, „Trauben ernten“ oder „Nicht mehr und nicht weniger“.

Anleitung: Ich nehme an, daß Sie alle versuchen, Fehler im Leben und im Beruf zu vermeiden. Sehr oft erfreuen wir unsere Kollegen, Vorgesetzten oder unsere Freunde, wenn wir erfolgreich Fehler vermeiden. Die Sachen mit der Fehlerfreiheit hat nur einen Haken. Den werden Sie vielleicht bei dem kleinen Spiel, zu dem ich Sie jetzt einlade, selbst entdecken.
Stellen Sie die Stühle zurück und beginnen Sie durch den Raum zu gehen... (15 Sekunden)
Das ist gut so! Bleiben Sie bitte einen Augenblick stehen, damit Sie mir Ihre Aufmerksamkeit zuwenden können. Gehen Sie bitte gleich sehr schnell zu zwölf verschiedenen Objekten im Raum. Berühren Sie jedes Objekt mit der Hand und geben Sie ihm dabei einen falschen Namen.

35

Drei Teams

(10 Minuten)

Ziele: „Drei Teams" gehört zu den „Frustrationsspielen", weil die gestellte Aufgabe nicht durch Anstrengung gelöst werden kann. Um hier zum Erfolg zu kommen, braucht die Gruppe einfach Glück. Die unvermeidbaren Fehlschläge aktivieren jedoch meistens unseren Überlebenswillen – wir brechen in Gelächter aus. Und wenn es die Gruppe schließlich schafft, eine gemeinsame Position zu zeigen, dann werden die wenigsten das dem puren Zufall zuschreiben, sondern eher Dinge sagen wie: „Wir sind einfach eine tolle Gruppe."

Anleitung: Ich möchte Sie zu einem kurzen, aufmunternden Spiel einladen. Kommen Sie bitte in drei kleinen Gruppen zusammen, in Gruppe A, B und C, und merken Sie sich gut, wer zu Ihrem Team gehört. Jetzt stellen Sie sich bitte vor, daß auf dem Fußboden ein großes gleichseitiges Dreieck aufgemalt ist. Jedes Team soll sich auf eine Seite des Dreiecks stellen – etwa in Armlänge voneinander entfernt – und nach innen sehen.

Jetzt will ich Ihnen die Spielregeln erklären: Merken Sie sich bitte drei verschiedene Positionen. Bei der ersten Position strecken Sie einfach die Hände hoch über den Kopf, was Sie vielleicht tun mögen, wenn Sie sich nach langem Sitzen recken und strecken wollen. Lassen Sie uns diese erste Position alle gemeinsam üben... Das war gut so!

Bei der zweiten Position strecken wir die Arme horizontal nach den Seiten aus, wie wir es vielleicht machen, wenn wir uns anschicken, jemanden zu umarmen. Lassen Sie uns diese zweite Position ebenfalls einmal gemeinsam praktizieren... Vielleicht sollten wir dabei auch ein freundliches Lächeln zeigen... Das war gut!

Und nun kommt die dritte Position. Die dritte Position sieht vor, daß wir in die Hocke gehen und die Arme dabei nach vorne ausstrecken. Lassen Sie uns das auch einmal üben.

Merken Sie sich bitte diese drei Positionen, denn so geht es

gleich weiter: Team A wird gleich in eine Ecke des Raumes gehen, Team B in eine andere und Team C wird sich ebenfalls zurückziehen. Jedes Team soll ganz leise beraten, so daß die anderen es nicht hören können, welche Position es nachher gemeinsam praktizieren will. Dann stellen sich alle Teams wieder in dem Dreieck auf, und wenn ich das Signal gebe mit den Worten: „Auf die Plätze, fertig, los!", dann soll jedes Team seine Position zeigen. Die Aufgabe für die ganze Gruppe besteht darin, daß alle Teams dieselbe Position zeigen, ohne sich darüber vorher verständigt zu haben. Vielleicht müssen Sie darum Ihre Intuition bemühen, Ihre Menschenkenntnis oder Ihre Fähigkeit, Gedanken zu lesen, damit Sie ahnen können, welche Position die anderen Teams wohl zeigen könnten.
Sie haben jetzt eine Minute Zeit, um sich mit Ihrem Team zurückzuziehen und sich für eine Position zu entscheiden...
(1 Minute)
Stellen Sie sich jetzt bitte wieder im Dreieck auf. „Auf die Plätze, fertig, los!"...
(Lassen Sie die Gruppe noch ein oder zwei weitere Versuche machen. Dabei kann auch irgendein Gruppenmitglied das Startsignal geben.)

Katz und Maus

(5 – 10 Minuten)

Ziele: Dies ist ein sehr aktives Spiel, und Sie benötigen genügend freien Raum dafür. Ihre Teilnehmer können sich lebhaft dabei bewegen und sich in kurzer Zeit regenerieren. Das Spiel bringt die kreative Atmosphäre unserer Kinderzeit zurück, auch in jedes anstrengende Seminar.

Anleitung: Ich möchte Sie zu einem Spiel einladen, bei dem wir viel freien Platz brauchen. Stellen Sie bitte Stühle und Tische an die Seite... Bei diesem Spiel brauchen wir zunächst eine Katze. Die Rolle der Katze erfordert ein entschlossenes und ausdauerndes Gruppenmitglied. Wer von Ihnen will diese Rolle übernehmen?... Danke schön...

Alle anderen Gruppenmitglieder sind zunächst die Mäuse. Sie versammeln sich auf der einen Seite des Raumes. Immer wenn die Katze „Los“ ruft, sollen die Mäuse auf die andere Seite des Raumes laufen und dabei versuchen, der Katze aus dem Weg zu gehen. Aber natürlich geschieht doch das Unvermeidbare und die Katze fängt eine Maus. Es ist ausreichend, daß sie die Maus leicht berührt. Nun entsteht die Frage: Was geschieht mit der Maus? In unserem Spiel hat die Katze magische Kräfte, und mit einer einfachen Berührung kann sie jede Maus in eine Mausefalle verwandeln. Die Mausefalle hat natürlich die Aufgabe, die Katze zu unterstützen. Allerdings hat die Mausefalle nicht die souveräne Kraft der Katze, die eine Maus nur berühren muß, um sie aus dem Verkehr zu ziehen. Die Mausefalle muß wirklich eine Maus fangen und festhalten, bis die Katze kommt und die gefangene Maus berührt, so daß sie ebenfalls in eine Mausefalle verwandelt wird. Es kann natürlich sein, daß einige Mäuse ziemlich viel Energie haben, und genauso kann es sein, daß einige Mausefallen sehr kräftig sind. Darum möchte ich, daß Mäuse und Mausefallen gut aufpassen, daß sich niemand verletzt, denn eine gefangene Maus wird vielleicht versuchen, sich aus der Mausefalle zu befreien, bevor sie von der Katze verwandelt wird.

Wahrscheinlich fragen Sie sich schon, ob die Mausefallen auch herumlaufen dürfen. Die Antwort lautet: Eine Mausefalle bleibt breitbeinig stehen, damit sie für die Mäuse auch erkennbar ist. Mausefallen dürfen nicht herumlaufen!
Und denken Sie bitte daran: Jedesmal, wenn die Katze „Los“ ruft, sollen wirklich alle Mäuse den Raum durchqueren.
Zu Ihrer Sicherheit möchte ich Sie bitten, daß Sie empfindliche Dinge vorher ablegen, z. B. Uhren, Ringe, Brillen.

Rücken an Rücken

(5 – 10 Minuten)

Ziele: Hier können Sie Ihre Gruppe schnell mit frischer Energie versorgen. Den Teilnehmern bringt dieses Spiel Vergnügen. Verspannungen in der Rückenmuskulatur werden gelöst und durch die körperliche Anstrengung kann die Atmung tiefer werden. Denken Sie daran, die Fenster zu öffnen, um für zusätzlichen Sauerstoff zu sorgen.

Anleitung: Ich möchte Sie zu einer erfrischenden Pause einladen, damit Ihre Lebensgeister wieder geweckt werden. Stellen Sie die Stühle zurück und kommen Sie immer zu zweit zusammen. Verteilen Sie sich so im Raum, daß jedes Paar genügend freien Platz um sich herum hat...

Stellen Sie sich bitte Rücken an Rücken mit leicht durchgedrückten Knien. Entscheiden Sie, wer von Ihnen A sein soll und wer B.

Nun will ich Ihnen erklären, was Sie gleich tun sollen: A versucht, sich eine möglichst stabile Position zu geben. Dazu ist es gut, wenn Sie Ihre Füße deutlich spüren. Vielleicht wollen Sie den einen Fuß etwas nach vorn stellen, so daß Sie ganz sicher stehen, wie ein großer, kräftiger Baum. Denn B wird gleich versuchen, Sie mit seinem Rücken in Bewegung zu bringen. Wichtig ist, daß Ihre Rücken ständig in Kontakt sind, damit niemand von Ihnen strauchelt. Wenn B gleich anfängt, mit dem Rücken zu schieben, dann werden Sie Ihre Rückenmuskulatur spüren und natürlich auch die großen Muskeln Ihrer Beine. Bitte denken Sie daran, daß wir nicht herausfinden wollen, wer hier der Stärkere ist, sondern daß Sie beide eine sichere Gelegenheit haben, Ihre Kraft zu spüren und etwas für Ihren Körper zu tun. Wenn B den Eindruck hat, daß er eine Pause gebrauchen kann, dann können Sie beide Ihre Rücken ganz gerade machen und einen Augenblick stillstehen. Wechseln Sie danach die Rollen, und nun kann A versuchen, seine Energie zu mobilisieren und B nach vorne zu schieben.

Dann machen Sie wieder eine Pause und tauschen die Rollen, und so kann das eine Weile hin- und hergehen. (1 – 2 Minuten) Und nun stoppen Sie einen Augenblick, damit wir eine neue Runde beginnen können. Diesmal sollen Sie beide zur gleichen Zeit schieben. Achten Sie wieder darauf, daß Sie Rücken an Rücken in Kontakt bleiben, damit keiner von Ihnen das Gleichgewicht verliert. Achtung, fertig, los!... (30 Sekunden)

38

Autorennen

(5 – 10 Minuten)

Ziele: Bei diesem Spiel können die Teilnehmer auf ihren Plätzen bleiben, aber in ihrer Phantasie zu irgendeiner Rennstrecke gehen, wo Autorennen gefahren werden.

Anleitung: Ich möchte Sie zu einer kurzen Pause einladen. Gehen Sie in Ihrer Phantasie zu irgendeiner Rennstrecke, z. B. zum Nürburgring oder zur Berliner Avus. Wir können uns vorstellen, daß wir einen neu konstruierten Rennwagen testen, um herauszufinden, wie gut der Motor funktioniert, wie sicher die Bremsen sind.
Und das können wir so machen: Zuerst wollen wir den ersten Gang benutzen, und ich schicke das Wort „Zoom" nach rechts durch den Kreis. Geben Sie diesem Wort ein schönes Volumen, wenn es von Person zu Person wandert, damit wir die Kraft des Motors spüren können. (Warten Sie, bis „Zoom" zu Ihnen zurückgekommen ist.)
Nun können wir den zweiten Gang ausprobieren. Ich werde das Wort nach links herum schicken. Seien Sie diesmal ein bißchen schneller und lauter... Und nun im dritten Gang wieder nach rechts... Und nun im vierten Gang wieder nach links, noch schneller und lauter...
Jetzt können wir testen, wie gut die Bremsen sind. Wer die Bremsen testen will, der macht folgendes: Er streckt ein Bein aus, tritt auf das imaginäre Bremspedal und stößt dazu ein quietschendes Geräusch aus, z. B. „Iiiik!" Lassen Sie uns das Bremsen jetzt alle zusammen einmal ausprobieren. Achtung, fertig, los!... Das war eine gute Bremsung...
Nun will ich Ihnen sagen, was beim Bremsen in unserem Spiel passiert. Wir werden gleich ein paar schnelle Runden fahren und das „Zoom" im Kreise herumflitzen lassen. Jedesmal, wenn einer von uns auf die Bremse tritt, dann hält der Rennwagen blitzschnell an und fährt in die entgegengesetzte Richtung weiter. Damit jeder eine Chance hat, die Bremsen zu testen, benutzen Sie Ihre Bremse nur einmal!

Streit anfangen

(5 – 10 Minuten)

Ziele: Dieses schöne Spiel macht Ihre Teilnehmer nicht nur munter, sondern es bietet darüber hinaus auch eine Gelegenheit, ungeduldige oder ärgerliche Gefühle auszudrücken, ohne jemanden anzugreifen oder zu verletzen. Am Ende gibt es ein komisches Ritual der Entschuldigung, das den Teilnehmern viel Vergnügen bereitet. Besonders für Gruppenmitglieder, die Schwierigkeiten haben, sich zu entschuldigen, ist dies eine gute Möglichkeit, sich unauffällig in der Kunst der Versöhnung zu üben.

Anleitung: Ich möchte Sie zu einer kurzen kreativen Pause einladen, bei der Sie sich bewegen und Ihre Kraft spüren können.
Kommen Sie bitte immer zu zweit zusammen und stellen Sie sich irgendwo im Raum voreinander hin. Entscheiden Sie, wer A und wer B sein soll.
Jetzt will ich Ihnen erklären, was Sie gleich tun können: Ich möchte, daß Sie auf spielerische Weise einen Streit anfangen, aber einen guten Streit. Bei einem guten Streit halten wir nämlich den Kontakt, wir setzen unsere Kraft ein, wir nehmen unsere Kraft zurück und finden am Ende hoffentlich eine neue gemeinsame Basis. Dies alles wollen wir hier auf vereinfachte Weise tun. Dazu werden Sie einen Dialog führen, der aus zwei Worten besteht. In der ersten Runde bekommt A das Wort „heiß“ und B das Wort „kalt“. A soll leise beginnen, B in die Augen schauen und schön freundlich sagen: „Heiß.“ B antwortet dann, schaut A in die Augen und sagt in derselben Lautstärke und ebenso freundlich: „Kalt.“ Dann ist A wieder an der Reihe und beharrt auf seinem Standpunkt, indem er sein Wort wiederholt, aber diesmal eine Spur lauter. B revanchiert sich und sagt mit derselben Festigkeit und Lautstärke wie A sein Wort: „Kalt.“ Und so geht es weiter, indem A Zug um Zug lauter und entschiedener wird. B antwortet immer in derselben Intensität. An irgendeiner Stelle kann A entscheiden: „Jetzt war ich laut genug“, um dann Zug um Zug wieder leiser zu werden, und B

folgt wieder in derselben Lautstärke, bis beide die Intensität erreicht haben, mit der sie begonnen haben.
Damit Sie nicht nur die Stimme unterschiedlich einsetzen, können Sie noch zwei weitere Dinge hinzufügen: Benutzen Sie Ihren Gesichtsausdruck und vor allem auch Hände und Arme. Unterstreichen Sie Ihre Worte mit passenden Gesten und lassen Sie diese Handbewegung größer und ausladender werden, je lauter Ihre Stimme wird, und nehmen Sie sie zurück, wenn Sie wieder leise werden.
Auf die Plätze, fertig, los!... (2 Minuten)
Stoppen Sie bitte und machen Sie sich für die zweite Runde bereit. Diesmal soll B mit dem Wort „leicht" beginnen, und A kontert mit dem Wort „schwer". Starten Sie wieder piano und steigern Sie sich gemeinsam und kehren Sie dann in einem Decrescendo in Ihre Ausgangsposition zurück. (2 Minuten)

Stoppen Sie bitte und bereiten Sie sich jetzt auf das Schlußritual vor. Ich sagte am Anfang, daß ein guter Streit in eine Art Versöhnung mündet. Wir wollen diese Versöhnung jetzt auf eine etwas übertriebene Art stattfinden lassen. Entschuldigen Sie sich beide bei Ihrem Partner, daß Sie so laut waren, daß Sie so stur waren; bedanken Sie sich, daß er nicht weggelaufen ist und die Tür geknallt hat; schütteln Sie sich die Hände oder finden Sie andere nette Gesten der Versöhnung. (30 Sekunden)

Hindernisse

(5 – 10 Minuten)

Ziele: Dies ist eine schöne Aktivität für Teilnehmer, die Spaß daran haben, die eigene Phantasie zu benutzen. Die verwendete Metaphorik legt es nahe, das Spiel dann einzusetzen, wenn die Gruppe mit irgendeinem Problem kämpft und für die weitere Arbeit frische Kraft und Optimismus benötigt.

Anleitung: Ich möchte Sie zu einer kurzen Pause einladen, bei der Sie sich bewegen und Ihre kreativen Kräfte wecken können. Stellen Sie die Stühle an den Rand, damit wir in der Mitte eine freie Fläche bekommen... Beginnen Sie, durch den Raum zu gehen, und bemerken Sie zunächst all die Objekte, die es tatsächlich hier im Raum gibt, Tische, Stühle, Vorhänge, Türen und Fenster, Flipchart-Ständer, Tageslicht-Projektor... (1 Minute)
Gehen Sie nun bitte weiter herum und benutzen Sie die Kraft Ihrer Vorstellung. Stellen Sie sich auf dem Boden oder im Raum verschiedene Dinge vor, die Sie am Vorankommen hindern würden. Vielleicht stellen Sie sich einen kleinen Bach vor, über den Sie hinüberspringen müssen, um weiterzukommen. Vielleicht wollen Sie sich vorstellen, daß es plötzlich gefroren hat und daß Sie einen spiegelglatten kleinen Teich überqueren müssen. Oder Sie stellen sich vor, daß Sie an einen Zaun kommen, über den Sie klettern müssen. Mit anderen Worten, stellen Sie sich Hindernisse vor, die Sie physisch irgendwie überwinden oder denen Sie wenigstens aus dem Weg gehen müssen... (2 Minuten)
Das war gut so! Stoppen Sie bitte einen Augenblick und kommen Sie immer zu zweit zusammen. Entscheiden Sie, wer A und wer B sein soll. Zunächst soll A seinem Kollegen drei Hindernisse vorschlagen, die auf seinem Pfad sind. B soll auf der einen Seite des Raumes seinen Weg beginnen und sich die Hindernisse im Raum vorstellen. Dann soll er den Raum durchqueren und Möglichkeiten finden, wie er die drei Hindernisse überwinden oder irgendwie mit ihnen fertigwerden kann... Anschließend tauschen A und B ihre Rollen. (5 Minuten)

Entspannung

Das Gesicht entspannen

(3 Minuten)

Ziele: Dies ist eine einfache Möglichkeit, in kurzer Zeit etwas gegen Streß und Müdigkeit zu tun.

Anleitung: Eine gewisse Dosis Streß können wir alle gebrauchen. Wenn wir eine Herausforderung spüren, dann kann uns das anregen, unsere Kräfte zu mobilisieren, unseren Willen zu aktivieren, unsere Phantasie zu benutzen, um die Antwort auf eine schwierige Frage zu finden. Chronischer Streß ist weniger produktiv. Er entsteht durch eine schlechte Pausenökonomie. Wir ignorieren einfach die Bedürfnisse unseres Körpers, aber auch die Wünsche unseres Geistes, und übergehen die feinen Signale, die der Coca-Cola-Konzern vor vielen Jahren in seinen genialen Slogan eingebracht hat: „Mach mal Pause, trink Coca-Cola." Eine gute Pausentechnik verlängert unser Leben und erhält uns die Fähigkeit, das Leben zu genießen.

Es gibt viele, viele Möglichkeiten, wie wir kurze Pausen so gestalten können, daß sie uns wirklichen Nutzen bringen. Einen Teil dieser Pausen sollen wir so gestalten, daß wir dabei etwas für unseren Körper tun. Ich will Ihnen eine nette Möglichkeit zeigen.

Setzen Sie sich ganz bequem auf Ihren Stuhl, machen Sie den Rücken ganz gerade, so daß Kopf, Wirbelsäule und Becken in einer Linie sind. Nun schließen Sie Ihre Augen, nehmen Sie Ihre Hände hoch und fangen Sie an, mit den Fingerspitzen beider Hände leicht auf Ihre Stirn zu klopfen. Halten Sie die Finger gebogen, so daß sie elastisch sind, und achten Sie darauf, daß beide Hände zur selben Zeit diese Klopfmassage durchführen. (15 Sekunden)

Nun lassen Sie die Hände höher wandern, klopfen Sie auf die Schädeldecke. Beziehen Sie den ganzen Kopf ein, den Hinterkopf ebenso wie die Schläfe... (20 Sekunden)

Nun wollen wir uns um die Kiefermuskulatur kümmern. Fangen Sie an, beide Seiten des Kiefers mit den Fingerspitzen zu

beklopfen... und schlagen Sie sanft abwechselnd mit den flachen Fingern auf beide Seiten des Gesichtes. Bedenken Sie dabei, daß wir oft im Leben die Zähne zusammenbeißen, ohne es zu merken, so daß sich die Muskulatur in diesem Bereich verspannt. Achten Sie wiederum darauf, daß beide Hände im gleichen Takt bleiben. (15 Sekunden)
Nun können Sie sich gleich dem nächsten wichtigen Gebiet Ihres Kopfes zuwenden, nämlich Nase und Augen. Klopfen Sie mit den Fingerspitzen sanft auf den Nasenrücken, auf die Jochbögen und auf die Wangenknochen unter den Augen. Lassen Sie Ihre Hände sich wiederum im gleichen Takt bewegen.
(15 Sekunden)
Und nun können Sie die Hände runternehmen und einen Augenblick Gesicht und Kopf spüren. Versuchen Sie zu spüren, wie sich die Muskulatur dort anfühlt. Vielleicht können Sie auch Unterschiede im Empfinden von Durchblutung und Wärme spüren. Dann öffnen Sie bitte langsam die Augen...

42

Tiefer atmen

(3 Minuten)

Ziele: Hier können Sie Ihre Teilnehmer daran erinnern, wie gut es uns tut, wenn wir tief atmen. Wenn wir Sport treiben oder uns körperlich anstrengen, dann atmen wir automatisch tiefer. Leider vergessen wir diese Möglichkeit oft, wenn wir arbeiten, am Schreibtisch, am Computer, bei Konferenzen.

Anleitung: Ich möchte Sie an die einfachste Entspannungstechnik erinnern, die Sie gleich nach Ihrer Ankunft in dieser Welt praktiziert haben, nämlich das Atmen. Jeder von uns atmet, aber wenige wissen, wie sie sich durch Atmen entspannen können.

Setzen Sie sich ganz gerade hin und lassen Sie sich ein wenig Zeit, um wirklich entspannend zu atmen...

Atmen Sie jetzt ziemlich flach durch die Nase ein und atmen Sie durch den Mund aus...

Jetzt atmen Sie ein wenig tiefer durch die Nase ein, und wenn Sie durch den Mund ausatmen, machen Sie ein kleines Geräusch dabei...

Nun atmen Sie noch tiefer ein... und atmen Sie noch kräftiger aus...

Und nun atmen Sie so tief ein, wie es geht, und atmen Sie ganz gründlich aus, so daß keine Luft mehr in Ihren Lungen bleibt...

Wiederholen Sie diesen tiefen Atemzyklus noch zehnmal... bis Sie sich ganz entspannt fühlen... Achten Sie auf einen gleichmäßigen Rhythmus von Ein- und Ausatmen... Diese Atemtechnik können Sie an jedem Ort und zu jeder Zeit benutzen, wenn Sie innerlich etwas zur Ruhe kommen wollen, wenn Sie sich konzentrieren möchten, wenn Sie mit einer Belastung fertigwerden wollen.

Tarzans Rezept

(3 Minuten)

Ziele: Bei dieser Entspannungsübung setzen wir die Stimme beim Ausatmen ein und erzielen dadurch eine zusätzliche Lockerung. Hier ist es wichtig, daß der Leiter als Rollenmodell enthusiastisch mitmacht.

Anleitung: Ich möchte Ihnen eine kurze Entspannungstechnik zeigen, die ich „Tarzans Rezept" nenne. Wahrscheinlich erinnern Sie sich daran, wie Tarzan im Dschungel nach Jane ruft. Wir werden das gleich ein bißchen anders machen, und zwar so, daß Sie sich anschließend schön erfrischt und kräftig fühlen können.
Stehen Sie bitte auf und fangen Sie an, mit den Handflächen beider Hände das ganze Gebiet Ihrer Brust zu beklopfen. Lassen Sie beide Hände im gleichen Rhythmus arbeiten und klopfen Sie mit Kraft, aber sanft. Bearbeiten Sie das ganze Gebiet zwischen den Rippenbögen und den Schlüsselbeinen und setzen Sie dabei auch Ihre Stimme ein. Rufen Sie dabei laut „Aaaah", so laut wie möglich, während Sie ausatmen. Machen Sie das ungefähr 20 Sekunden lang. Dann können Sie Ihre Hände runternehmen und spüren, wie sich das anfühlt. Mit Ihrem Tarzanschrei pressen Sie alle verbrauchte Luft aus Ihren Lungen, und vielleicht können Sie sogar einige der Empfindungen ausdrücken, die Sie im Laufe der Zeit in Ihrem Herzen angesammelt haben. Und nun lassen Sie uns das gemeinsam probieren...

Plätschernde Wellen

(6 Minuten)

Ziele: Dies ist eine kurze Phantasiereise, bei der sich die Teilnehmer körperlich und geistig entspannen können.

Anleitung: Um uns zu entspannen, können wir beginnen, tiefer zu atmen. Aber wir können auch unseren Geist einladen, für eine kurze Weile einen anderen Rhythmus zu finden.

Zu Beginn dieser Übung können Sie mit Ihrem Zeigefinger sanft und langsam auf irgendeinen Untergrund klopfen, z. B. auf einen Stuhl oder auf einen Tisch, und dabei auf das Geräusch hören... Hören Sie einfach diesen Ton und lassen Sie ihn dann in Ihrem Gedächtnis ruhen... (5 Sekunden)

Nun können Sie mit dem Klopfen aufhören, Ihre Augen schließen und sich ganz bequem hinsetzen. Und während Sie die Augen schließen, können Sie ein paarmal tief ausatmen und alle Spannung aus Ihrem Körper hinauslassen, wie Wasser aus einem Gefäß... (5 Sekunden)

Und so ähnlich wie das Klopfen, das Sie mit Ihrem Zeigefinger gemacht haben, hört es sich an, wenn kleine Wellen gegen eine Bootswand klopfen... wenn Wellen gegen eine Kaimauer plätschern oder wenn sie an den Strand schlagen...

Die Töne des Wassers können uns beruhigen und entspannen... Stellen Sie sich vor, daß Sie ganz bequem auf dem Boden eines kleinen Bootes liegen, ausgestreckt auf einer weichen Unterlage. Wenn Sie wollen, liegt Ihr Boot sicher vertäut am Kai irgendeines Hafens oder es ruht mitten auf einem friedlichen See oder es treibt langsam mit der Strömung auf einem sanften Fluß dahin... (10 Sekunden)

Sie können sich den Rhythmus wünschen, in dem Ihr Boot sich sanft bewegen soll. Lassen Sie Ihr Boot von den Wellen so hin- und herwiegen, wie es für Sie angenehm ist. Und ab und zu können Sie hören, wie die Wellen gegen die Bordwand plätschern, dieses sanfte Wiegen und das Plätschern des Wassers kann Sie in eine angenehme tiefe Entspannung bringen. In Ihrem Boot kön-

nen Sie sich ganz sicher fühlen und ein paar Augenblicke tiefer Ruhe genießen. (15 – 20 Sekunden)
Und während Sie weiter dem Plätschern des Wassers zuhören, können Sie sich von den Bewegungen des Wassers langsam wachmachen lassen und mit Ihrer Aufmerksamkeit wieder hierher zurückkehren. Sie können das Gefühl der Erholung mit in diesen Raum bringen, wenn Sie sich gleich recken und strecken, einmal tief ausatmen und die Augen wieder öffnen. Und nun kehren Sie zu unserer Gruppe zurück, erfrischt und wach...

Durch den Rücken atmen

(5 Minuten)

Ziele: In dieser kurzen Atemübung benutzen wir die Vorstellung, daß wir durch eine Öffnung im Rückgrat atmen.

Anleitung: Ich möchte Ihnen eine Atemtechnik zeigen, die Sie sehr schön im Alltag benutzen können, in Situationen, bei denen Sie sonst Streß empfinden würden, wo Sie sich langweilen oder wo Sie vielleicht in der Gefahr sind, die Geduld zu verlieren. Von all diesen negativen Möglichkeiten können Sie sich innerlich distanzieren und statt dessen etwas für Ihre Gesundheit tun.
Beginnen Sie damit, daß Sie sich bequem hinsetzen und Ihren Rücken ganz gerade machen. Das ist eine wichtige Voraussetzung für entspannendes Atmen und für das Empfinden von Selbstsicherheit. Atmen Sie zunächst ganz normal, vielleicht schon ein wenig tiefer als üblich. Wenn wir sonst auf unseren Atem achten, dann denken wir meist an unsere Kehle oder an unsere Brust. Diesmal können wir mit unserer Aufmerksamkeit tiefer gehen, ungefähr dahin, wo unsere Lendenwirbelsäule beginnt. Dort etwa haben wir nicht nur unseren Schwerpunkt, sondern bis in diese Gegend reichen auch die Hörner unserer Lunge. Stellen Sie sich vor, daß Sie dort hinten eine Öffnung haben, durch die die Luft beim Atmen bequem hinein- und hinausfließt. Sie müssen diese Öffnung nicht sehen. Es reicht, wenn Sie in der Vorstellung diese Öffnung spüren können. Und nun atmen Sie drei- oder viermal tief und entspannt durch diese Öffnung ein und aus. (20 – 30 Sekunden)
Und nun schließen Sie die Augen einen kurzen Augenblick und lassen Sie Ihren Geist einfach wandern und das Gefühl einer wohligen Entspannung genießen... (10 Sekunden)
Und diese Atemtechnik wird immer wirksamer für Sie, je häufiger Sie sie benutzen. Sie gibt Ihnen Entspannung, frische Energie und vielleicht sogar die Spur eines Triumphes, daß Sie sich in diesem Augenblick einen Luxus gönnen, den niemand anders bemerken kann.

Tropfendes Wachs

(6 Minuten)

Ziele: Streß und Bewegungsmangel führen heute häufig zu chronischen Muskelverspannungen, die wiederum die Durchblutung wichtiger Organe beeinträchtigen, und es ist nicht schwer, sich vorzustellen, daß ein verspannter Körper nicht die beste Basis für persönliche Kreativität oder flexibles Agieren im Unternehmen ist. Darum benutzen wir hier die jedem vertraute Vorstellung von schmelzendem Wachs, um dem Unbewußten eine Anregung zu geben, „loszulassen" und den permanenten Alarmzustand wenigstens zeitweilig aufzugeben. Dies ist hier eine zeitökonomische Entspannungsübung, die Ihre Teilnehmer z. B. zu Beginn einer Sitzung lockert und ihre Aufmerksamkeit weckt.

Anleitung: Wir alle verlangen viel von uns selbst. Wir möchten unsere Zeit besser ausnutzen und in kürzerer Zeit zu besseren Ergebnissen kommen. Wir möchten unseren Kollegen gerecht werden und die Erwartungen unserer Vorgesetzten erfüllen. Manchmal ist unser Tempo dann doch etwas zu scharf, so daß wir uns gestreßt fühlen. Ich möchte Ihnen jetzt einen kurzen Tagtraum schenken, etwas Zeit zur Entspannung, etwas Zeit, um den Geist von Belastungen und überflüssigen Gedanken zu reinigen, damit Sie sich auf Bilder konzentrieren können, die Ihnen wohltun. Und während Sie ein wenig zur Ruhe kommen und sich entspannen, können Sie sanft die Augen schließen und Ihre Aufmerksamkeit nach innen wenden...

Bemerken Sie, wie Sie atmen. Spüren Sie den Stuhl, auf dem Sie sitzen...

Bemerken Sie Gedanken und Bilder, die durch Ihren Geist ziehen, und lassen Sie sie einfach weitertreiben, so daß Ihr Geist frei und leicht wird...

Und während Sie sich tiefer und tiefer entspannen, können Sie sich vorstellen, daß Sie in einem dunklen, stillen Raum sind. Eine Kerze steht auf einem Tisch mitten im Raum, und Sie

möchten sie vielleicht gleich mit einem Streichholz entzünden... Blasen Sie dann das Streichholz ganz aus und legen Sie es beiseite. Vielleicht möchten Sie in Ihrer Phantasie gern in einem bequemen, weichen Sessel sitzen, wenn Sie die Flamme betrachten. Vielleicht ziehen Sie es auch vor, auf einem festen Stuhl zu sitzen, weil Sie sich dann noch besser konzentrieren können... Bemerken Sie, wie die kleine Rußwolke vom Anzünden nach oben steigt und sich in der Luft auflöst...
Die blaue Flamme kriecht langsam den Docht nach unten und läßt das Wachs in dem kleinen Krater schmelzen... Langsam bildet sich ein kleiner See aus flüssigem Wachs...
Und je größer die Flamme wird, desto mehr Wachs schmilzt, so daß die Ränder der Kerze die Flüssigkeit nicht mehr halten können und sie überfließt wie die Spannung, die Sie in Ihrem Körper aufbewahrt haben und die dann immer stärker wird und schließlich eine Lösung sucht. (5 Sekunden)
Während Sie Ihrer Kerze aufmerksam zuschauen, können Sie sehen, wie der erste Wachstropfen über den Rand fließt und an der Seite hinabläuft...
Und dann fließt noch ein Tropfen hinab... und noch ein Tropfen... Und nun folgt ein langsamer, stetiger Strom aus geschmolzenem Wachs, das die Freiheit sucht und mit Leichtigkeit hinabfließt... (5 Sekunden)
Und wie dieses schmelzende Wachs können wir Spannungen in Körper und Geist auflösen und aus uns hinausfließen lassen, auf der Woge unseres Atems, so daß wir uns etwas weicher fühlen, etwas wärmer, etwas freier... (5 Sekunden)
Wenn Sie bereit sind, können Sie Ihre Kerze ausblasen und das Empfinden von Ruhe, von Wärme, von Licht, von Beweglichkeit und Freiheit hierher zur Gruppe zurückbringen. Atmen Sie einmal tief aus, öffnen Sie Ihre Augen und seien Sie wieder hier, erfrischt und wach.

Ein goldener Faden

(3 Minuten)

Ziele: Für manche Menschen ist mit Gold eine wichtige Assoziation verbunden. Sie vermittelt die Atmosphäre von Würde, Wert, Liebe und Gesundheit. Wir benutzen das Bild eines goldenen Fadens, um den Teilnehmern das Empfinden persönlichen Wertes und innerer Ruhe zu geben.

Anleitung: Oft folgen unsere Gefühle und Stimmungen unseren Gedanken. Wahrscheinlich kennen Sie das. Wenn wir einen schlechten Tag haben und uns vorstellen, daß die Welt voller inkompetenter Kollegen und mißgünstiger Vorgesetzter ist, dann wird unsere Stimmung leicht gereizt. Wenn wir innerlich eine Liste mit unseren neuesten Fehlern, Versäumnissen oder verpatzten Auftritten anlegen, dann können wir Spuren von Depression in uns feststellen.

Ganz anders empfinden wir, wenn wir uns den Luxus gestatten, von Zeit zu Zeit all die Dinge zu registrieren, die in uns ein Gefühl der Dankbarkeit und des Glücks auslösen: Wenn wir uns darüber begeistern können, wie schön das Sonnenlicht in einem Tautropfen funkelt; oder wenn wir plötzlich bemerken, daß irgend jemand, mit dem wir sprechen, eine wohlklingende Stimme hat, die sich in unseren Ohren wie Musik anhört...

Ich möchte diesen schönen Dingen, die Ihnen ein Gefühl der Ruhe und der Zuversicht geben, ein neues Bild hinzufügen, von dem Sie immer Gebrauch machen können, wenn Sie sich ruhig und entspannt und gleichzeitig lebendig und kreativ fühlen wollen.

Setzen Sie sich einen Augenblick bequem hin und machen Sie Ihren Rücken ganz gerade. Atmen Sie dreimal tief aus und schließen Sie die Augen oder lassen Sie sie geöffnet, ganz wie Ihnen im Augenblick zumute ist...

Und nun stellen Sie sich vor, daß ganz oben auf Ihrem Scheitel ein goldener Faden beginnt, der durch Ihren Kopf hindurchläuft und durch jeden einzelnen Wirbel, so daß Ihre gesamte Wirbelsäule von diesem feinen goldenen Faden durchzogen ist. Lassen Sie dieses magische Gold feine, heilende Strahlen aussenden, die Ihren Kopf ruhig und klar machen und Ihr Rückgrat sicher und aufrecht. Und immer, wenn Sie das Bedürfnis haben, sich wertvoll und ruhig zu fühlen, dann können Sie sich dieses gute Gefühl in Erinnerung rufen, das Ihnen dieser goldene Faden geben kann.

Entlastung

(5 Minuten)

Ziele: Hier benutzen wir das ganz alltägliche Bild von kuscheligen Decken, um sehr schnell eine leichte Entspannung herbeizuführen. Bei dieser Übung ist es empfehlenswert, daß die Teilnehmer auf dem Boden liegen, ausgestattet mit einem kleinen Kissen für den Kopf.

Material: Für jeden Teilnehmer ein kleines Kissen für den Kopf.

Anleitung: Manche Entspannungsübungen haben die besten Ergebnisse, wenn wir dabei liegen. Legen Sie sich deshalb für diese Übung am besten auf den Boden. Legen Sie sich auf den Rücken, die Beine leicht geöffnet, die Hände rechts und links neben dem Körper...

Schließen Sie jetzt Ihre Augen, und während ich bis drei zähle, holen Sie einmal langsam und tief Luft. Füllen Sie Ihre Lungen vollständig mit Luft. Eins... zwei... drei... und halten Sie die Luft einen Augenblick an... atmen Sie jetzt mit einem leichten Seufzer gründlich aus...

Und während Sie langsam und tief weiteratmen, können Sie sich vorstellen, daß Sie auf einer schmalen Liege ruhen in einem großen, freien Raum... Sie liegen auf Ihrem Rücken, zugedeckt mit vielen schweren Wolldecken. Die Wolldecken reichen vom Kinn bis zu Ihren Füßen, und alle vier Ecken sind unter der Matratze festgesteckt. Zuerst erfreut Sie vielleicht die Geborgenheit, aber dann empfinden Sie auch das Gewicht all dieser Decken auf Ihrem Körper... Deshalb freuen Sie sich, daß sich die oberste Decke wie von Zauberhand bewegt und zur Seite rollt, so daß das Gewicht auf Ihrem Körper leichter wird.

Auch die zweite Decke rollt von selbst zur Seite... und auch die dritte Decke, so daß Sie bequemer atmen können und das Gewicht auf Ihrem Körper leichter und leichter wird...

(5 Sekunden)

Und noch eine Wolldecke rollt zur Seite... und noch eine... und

noch eine... und jetzt können Sie Arme und Beine frei bewegen... (5 Sekunden)
Jetzt bedeckt nur noch eine leichte Decke Ihren Körper. Sie spüren das Gewicht kaum, aber Sie bemerken, daß diese letzte Decke nicht von selbst weggeht.
Sie wissen, daß die neue Beweglichkeit Ihrer Arme und Beine Ihnen gestattet, diese Decke selbst zu entfernen. Mit Händen und Füßen ziehen Sie die Decke von Ihrem Körper und werfen sie oben auf die anderen Decken...
Befriedigt atmen Sie einmal tief aus... Sie richten sich auf und schwingen die Beine aus dem Bett. Unter den Füßen spüren Sie kühles Parkett. Sie recken und strecken sich ein paarmal und spüren dabei Ihren ganzen Körper. Einige Teile Ihres Körpers können Sie jetzt deutlicher bemerken als vorher. Obwohl Sie nichts Spektakuläres getan haben, haben Sie gleichwohl etwas Wichtiges getan: Sie haben sich eine Weile gestattet, daß Ihr Geist mit Ihrem Körper kommunizieren durfte, und das ist die Basis für innere Ruhe und Entspannung. Bringen Sie dieses leichte Gefühl zurück, wenn Sie jetzt Ihre Finger und Hände etwas bewegen, einmal tief ausatmen und sanft die Augen öffnen. Seien Sie dann wieder hier bei unserer Gruppe, erfrischt und wach.

49

Integrierender Atem

(3 Minuten)

Ziele: Hier haben Sie eine einfach Atemübung, die hilft, daß wir uns kräftiger und wacher fühlen können.

Anleitung: Ich möchte Ihnen eine einfache Atemübung zeigen, mit der Sie Ihrem Körper eine kleine Freude bereiten können. Der Körper wird sich revanchieren und Ihnen das Empfinden einer gewissen Leichtigkeit schenken.

Stellen Sie sich bitte vor Ihren Stuhl und halten Sie die Arme vor sich nach unten, die Hände gefaltet und die Handflächen nach unten zeigend... So ist es gut... Und nun beginnen Sie einzuatmen und heben Sie dabei langsam die ausgestreckten Arme über den Kopf, die Hände immer noch gefaltet. Spüren Sie die Belebung... Halten Sie die Luft an und bringen Sie die gefalteten Hände hinter Ihren Kopf und drücken Sie sie fünfmal kräftig gegeneinander... Nun dürfen Sie langsam ausatmen und die Arme mit den gefalteten Händen wieder hoch über den Kopf heben, um Sie dann beim weiteren Ausatmen langsam zu senken, bis sie wieder die Ausgangsposition erreicht haben. Wiederholen Sie diese Übung bitte dreimal...

Gewitter

(6 Minuten)

Ziele: Die meisten von uns haben ihre Erfahrungen mit den Stürmen des Lebens gemacht. Manchmal versetzen uns die Erinnerungen daran erneut in einen Zustand innerer Aufregung. Hier geben wir den Teilnehmern Gelegenheit, eine andere innere Reaktion zu entwickeln, auch angesichts bedrohlicher äußerer Einflüsse. Das Bild des Kokons gewährt Schutz und innere Ruhe inmitten aller Turbulenzen des Lebens.

Anleitung: Sie kennen die Redewendung: „Er hat eine dünne Haut." Wenn wir das sagen, meinen wir damit, daß jemand empfindlich auf die Rauheiten des Lebens reagiert. Aber oft wundern wir uns, daß Menschen, denen wir ein großes Maß an Robustheit zuschreiben, plötzlich Zeichen der Schwäche zeigen und z. B. erkranken oder irgendwie hilflos wirken. Im Grunde ist es so: Jeder von uns ist auf seine Weise verletzlich. Niemand kann die Schwierigkeiten des Lebens vermeiden, aber wir können üben, immer wieder innere Ruhe zu finden. So können wir uns regenerieren, um uns mit unseren Aufgaben und Problemen auseinanderzusetzen.

Setzen Sie sich bitte bequem hin, blenden Sie die Geräusche und Ablenkungen des Tages aus und achten Sie eine Weile auf Ihren Herzschlag. Versuchen Sie, Ihren Herzschlag zu spüren. Vielleicht hilft es Ihnen, wenn Sie ganz sanft Ihre Fingerspitzen auf Ihren Puls legen oder auf die große Schlagader an Ihrem Hals. Alles wird stiller, bis auf Ihren Herzschlag, wenn Sie tief ein- und ausatmen und Ihr Herz sanft und zuverlässig in Ihrer Brust schlägt. Spüren Sie den Klang, wie Ihr Herz pocht, und folgen Sie diesem stetigen, ruhigen Rhythmus...

Hören Sie auch, wie Ihr Atem ganz leise in Sie hineinströmt und wieder hinaus... hinein... und hinaus...

Folgen Sie einfach dem Rhythmus Ihres Lebens, wenn Sie jetzt sanft Ihre Augen schließen. Ihr Herzschlag ist ruhig, wie das Ticken einer Standuhr... Ihr Atem ist regelmäßig und tief, und

Ihre Augen sind geschlossen und gönnen sich eine erfrischende Pause. Sie können sich von dem Rhythmus Ihres Körpers weiter und weiter in einen Zustand tiefer Entspannung tragen lassen... Nun stellen Sie sich vor, daß Sie auf einer schönen Bergwiese sind. Sie haben ein kleines stabiles Zelt aufgeschlagen, um die Nacht darin zu verbringen. Sie liegen in Ihrem Schlafsack und schauen durch den Eingang in den Himmel, der dunkler und dunkler wird. Ihre Gedanken wandern, so daß Sie nicht genau sagen können, ob Sie wach sind oder träumen... (10 Sekunden) Aber die Ruhe der Bergwelt wird durchbrochen durch das ferne Grollen von Donner. Und Sie bemerken, wie ein heftiger Wind an dem Zelt rüttelt. Sie verschließen den Eingang und ziehen sich in Ihren Schlafsack zurück. Sie können sich sicher fühlen in dieser doppelten Hülle, während Sie hören, daß jetzt der Regen herabprasselt. Aus dem heftigen Wind ist ein Sturm geworden, und Sie spüren die ungeheuere Kraft eines Gewitters, während helle Blitze die Nacht erleuchten und der Donner den Untergrund erzittern läßt. Sie wissen, daß Sie Ihr Zelt so gut verankert haben, daß es jedem Unwetter trotzen kann... (10 Sekunden) Allmählich läßt das Unwetter nach, der Regen wird spärlicher, und die Abstände zwischen den Blitzen werden länger... Während das Gewitter weiterzieht, wird es stiller und stiller. Sie spüren, wie Sie sich selbst innerlich wieder neu entspannen und wie Sie wieder tief und ruhig atmen können. Sie öffnen das Zelt und schauen hinaus in die Nacht. Die Wolken haben sich verzogen, und am Nachthimmel glitzern Millionen von Sternen. Sie lassen Ihren Blick wandern, bis er auf einen besonders hellleuchtenden Stern stößt. Lassen Sie das helle, weiße Licht dieses Sterns in sich hineinströmen, bis Sie das Empfinden von frischer Kraft haben... Bringen Sie dieses Gefühl frischer Kraft und innerer Ruhe hierher zurück. Bringen Sie auch das Gefühl der Zufriedenheit mit zu uns, daß Sie in der Lage waren, dieses Gewitter ohne Panik durchzustehen...
Atmen Sie einmal tief aus und öffnen Sie dann Ihre Augen. Kommen Sie jetzt hierher zurück, erfrischt und wach.

Der Garten

(4 Minuten)

Ziele: Hier benutzen wir ein schönes Naturbild, um den Teilnehmern Gelegenheit zu einer angenehmen Entspannung zu geben.

Anleitung: Setzen Sie sich bitte bequem hin und schließen die Augen. Atmen Sie dreimal tief aus...

Nun können Sie sich vorstellen, daß Sie im Innenhof eines alten, geräumigen Hauses stehen und die warme Sonne genießen. Eine sanfte Brise weht über Ihr Gesicht. Sie sehen, daß von diesem Innenhof eine kleine Treppe mit zehn Stufen in einen wundervollen, tiefergelegenen Garten hinabführt.

Gehen Sie diese Stufen hinab, eine zur Zeit, und jedesmal wenn Sie eine Stufe tiefer gehen, atmen Sie bitte aus. Spüren Sie dabei, daß Sie mit jedem Schritt, den Sie tiefer gehen, mehr und mehr lockerlassen. Gestatten Sie, daß dieses Gefühl zunehmender Ruhe Sie ganz und gar ausfüllt, wenn Sie unten im Garten angekommen sind... (30 – 45 Sekunden)

Jetzt können Sie sehen, wie wunderschön dieser Garten ist. Überall blühen Blumen in allen Farben... Das Laub von Sträuchern und Bäumen leuchtet Ihnen dunkelgrün entgegen. Die Blüten duften, und Sie hören Vogelstimmen. Sie sind umgeben vom warmen Licht der Sonne, das langsam in Ihren Körper einsinkt...

Vielleicht möchten Sie sich einen Augenblick auf dem Rasen ausruhen; vielleicht möchten Sie ein paar Schritte durch den Garten gehen, um noch andere Dinge zu entdecken. Ich werde jetzt eine Minute still sein, damit Sie selbst entscheiden, wie Sie sich in dieser schönen Umgebung am besten regenerieren können... (1 Minute)

Und nun ist es Zeit, daß Sie aus diesem Garten mit Ihrer Aufmerksamkeit wieder hierher zurückkommen. Bringen Sie etwas von Ihrer Erholung und der inneren Ausgeglichenheit, die Sie dort vielleicht gefunden haben, zu uns in die Gruppe... Recken und strecken Sie sich ein wenig und öffnen Sie dann bitte langsam Ihre Augen. Seien Sie wieder hier, erfrischt und wach.

Belebung der Sinne

(8 Minuten)

Ziele: Wir verspannen uns oftmals, weil wir mehr in der Zukunft oder in der Vergangenheit leben als in der Gegenwart. Die beste Brücke zur Gegenwart sind unsere Sinne. Sie helfen uns herauszufinden, was für uns gut ist und was wir eher vermeiden sollen. Diese Phantasiereise belebt die sinnliche Wahrnehmung der Teilnehmer. Sie hilft ihnen, Entspannung zu finden und Optimismus zu entwickeln.

Anleitung: Setzen Sie sich bitte bequem hin und schließen Sie Ihre Augen. Gestatten Sie sich, einmal ganz tief einzuatmen. Wenn die Luft tief hinab in Ihren Körper strömt, stellen Sie sich vor, daß diese Luft wie eine gute Medizin wirkt. Jeder Teil Ihres Körpers, der von Ihrem Atem berührt wird, kann sich mehr und mehr entspannen... Und wenn Sie ausatmen, können Sie sich vorstellen, daß mit dieser Luft alte Verspannungen, die sich im Laufe der Zeit angesammelt haben, ebenfalls aus Ihrem Körper hinausfließen. Lassen Sie einfach locker... Wenn Sie das nächste Mal einatmen, dann spüren Sie, wie die Luft noch tiefer in Ihren Körper hineinströmt und noch andere Teile Ihres Körpers entspannt und weit macht... Beim Ausatmen können Sie noch mehr Gefühle von Anspannung, von Enge oder Härte aus sich hinausströmen lassen... Vielleicht müssen Sie sich am Anfang ganz bewußt vornehmen, daß Sie tief atmen wollen, aber nach und nach wird es für Sie ganz natürlich sein, tief und entspannend zu atmen... (15 Sekunden)

Für einen kurzen Augenblick können Sie nun überprüfen, welche Teile in Ihrem Körper sich noch unruhig, müde oder angespannt fühlen. Nennen Sie im stillen einfach die entsprechende Stelle, z. B. Nacken oder Fuß oder Stirn. Und wenn Sie das nächste Mal einatmen, dann können Sie die frische Luft auch zu diesen Teilen Ihres Körpers schicken und ihnen helfen, lockerzulassen. Sie können Ihre Phantasie dazu benutzen, sich vorzustellen, wie Sie vielleicht einen Knoten in Ihrem Bauch lösen, wie

die Muskulatur Ihrer Füße besser durchblutet wird oder wie sich Anspannung auf Ihrer Stirn löst, wie Falten in einem Hemd, das Sie glattstreichen...
Und je tiefer Sie sich entspannen, desto deutlicher können Sie spüren, daß sich ein Empfinden von Leichtigkeit in Ihrem Geist ausbreitet, vielleicht wie ein feiner Nebel... Sie können diesem Nebel jede Farbe geben, die Sie als angenehm empfinden. Atmen Sie weiter diesen farbigen Nebel ein und schauen Sie zu, wie er sich um Ihre Gedanken herumlegt, Sie sanft umarmt und Ihnen zu verstehen gibt, daß dies jetzt eine Zeit ist, in der Sie sich friedlich fühlen möchten, heiter und ausgeglichen, ganz unabhängig davon, was gerade in Ihrem Leben geschieht. Und alles, was zählt, ist dieser Augenblick in Ihrem Leben, dieser kostbare Augenblick der Ruhe und Stille... (15 Sekunden)

Wenn störende Gedanken aufkommen, dann ist das in Ordnung... Nehmen Sie diese zur Kenntnis und schicken Sie ihnen den feinen Nebel, damit er sie sanft umgibt. Beobachten Sie, was geschieht, wenn Sie das tun... So ist es gut...
Und während Sie tiefer und tiefer hineingehen in Ruhe und Frieden, können Sie sich vorstellen, daß Sie an einem schönen, sicheren Platz sind. Und weil diese Zeit nur für Sie bestimmt ist, können Sie sich jeden Platz aussuchen, an dem Sie sich wohl fühlen und zur Ruhe kommen können. Vielleicht sind Sie an diesem Platz schon einmal gewesen, vielleicht wollten Sie schon immer einmal dorthin gehen... Vielleicht möchten Sie sich auch einen solchen Platz ausdenken, damit er Ihnen alles geben kann, was Sie jetzt brauchen. Wenn Sie diesen schönen Platz erreicht haben, dann genießen Sie ihn mit allen Ihren Sinnen. Sehen Sie die Farben, die Formen, die Muster der Dinge... (10 Sekunden) Hören Sie alle Töne, die es dort gibt. Vielleicht hören Sie Musik oder Stimmen oder Gelächter, vielleicht das Rauschen des Meeres oder die Stimmen von Vögeln oder Tieren um Sie herum... (10 Sekunden)
Und wenn Sie jetzt durch die Nase einatmen, können Sie vielleicht etwas Angenehmes riechen. Vielleicht möchten Sie irgend

etwas riechen, was angenehme Erinnerungen weckt...
(10 Sekunden)
Natürlich ist es auch schön, wenn Sie die Dinge in Ihrer Umgebung berühren. Vielleicht wollen Sie Pflanzen und Tiere berühren oder den Boden unter Ihnen oder irgend etwas anderes. Benutzen Sie Ihre Hände so neugierig, als ob Sie sie gerade erst entdeckt hätten... Aber vielleicht spüren Sie auch, daß Sie selbst von den warmen Strahlen der Sonne berührt werden, von einem sanften Wind oder von irgend jemandem, der Ihnen nahe sein möchte... (10 Sekunden)
Ich möchte nicht vergessen, Sie daran zu erinnern, daß es hier vielleicht auch etwas gibt, das Sie schmecken möchten. Vielleicht irgendeine aromatische tropische Frucht, einen Schluck klares Wasser oder einfach das Salz aus der kühlen Meeresluft...
(10 Sekunden)
Und jetzt kennen Sie die Möglichkeiten Ihres Platzes schon etwas besser. Was geschieht in Ihnen, wenn Sie alle Ihre Sinne öffnen, um mit Ihrer Umgebung zu kommunizieren? Lassen Sie sich noch etwas mehr Zeit, diese Erfahrung auszukosten...
(10 Sekunden)

Nun schauen Sie sich noch einmal um und bewahren Sie das Bild dieses Platzes in Ihrem Gedächtnis auf. Dies ist Ihr Platz, und Sie können jederzeit hierher zurückkehren, wenn Sie das möchten. Sagen Sie diesem Platz jetzt Adieu und kommen Sie mit Ihrer Aufmerksamkeit langsam in diesen Raum zurück...
Atmen Sie einmal tief aus und recken und strecken sich...
Bemerken Sie, wie sich der Körper jetzt anfühlt... dann öffnen Sie bitte langsam Ihre Augen und seien Sie wieder hier, erfrischt und wach...

Ein Tautropfen

(5 Minuten)

Ziele: In dieser Phantasie inspiriert ein einfacher Tropfen Tau die Teilnehmer, lockerzulassen und sich zu entspannen. Wenn Sie wollen, können Sie dazu einfache, ruhige Musik spielen. Am besten Instrumentalmusik für Piano, Harfe oder Gitarre.

Anleitung: Setzen Sie sich bequem hin und schließen die Augen. Atmen Sie dreimal tief aus...

Stellen Sie sich vor, daß Sie früh am Morgen am Ufer eines einsamen Sees sitzen. Der See ist auf allen Seiten von Bäumen umgeben. Ganz in Ihrer Nähe läßt eine alte Weide ihre Zweige weit hinabhängen. Ihr Blick wandert von Blatt zu Blatt und bleibt bei einem einzelnen Blatt hängen. Stellen Sie sich vor, daß auf diesem Blatt ein großer Tautropfen ruht, in dem das Licht der Sonne funkelt wie in einem Diamanten, und ganz langsam setzt sich der Tautropfen in Bewegung. Während er das Blatt hinabrollt, können Sie ebenfalls der Schwerkraft nachgeben und sich noch etwas mehr einsinken lassen in den Untergrund, auf dem Sie sitzen, wie der Tautropfen, der tiefer und tiefer hinabgleitet, um dann langsam in das Wasser des Sees zu fallen. Und während sich dieser einzelne Tropfen mit dem Wasser verbindet, gehen winzig kleine Wellen von ihm aus, die kleine Kreise ziehen. Die Kreise werden größer und größer, bis sie in der großen, stillen Wasserfläche zur Ruhe kommen. Und so wie sich dieser einzelne Tautropfen mit dem stillen See verbunden hat, kann sich Ihr Bewußtsein mit der Ruhe und Stille dieses Platzes verbinden. Geben Sie sich einen Augenblick die Erlaubnis, ein Teil dieser stillen Natur zu werden, indem Sie sich verbunden fühlen mit dem weiten Himmel, der sich in dem tiefen Wasser des Sees spiegelt...

Sie können etwas von der Ruhe und Stille dieses Ortes hierher zurückbringen, wenn Sie sich nun recken und strecken... Atmen Sie einmal tief aus... Spüren Sie Ihren Körper und öffnen Sie langsam Ihre Augen... Seien Sie wieder hier, erfrischt und wach...

Heiße Quelle

(7 Minuten)

Ziele: Diese Phantasie arbeitet mit einer wirklich luxuriösen Vorstellung: Wir nehmen ein Bad in einer heißen Quelle und blicken dabei auf den weiten Pazifischen Ozean hinaus. Um den Genuß der Teilnehmer zu verstärken, benutzen wir eine ausführliche Entspannungseinleitung.

Anleitung: Setzen oder legen Sie sich bitte bequem hin. Versuchen Sie, Ihre Haltung so zu wählen, daß Kopf, Nacken und Wirbelsäule eine gerade Linie bilden... Und nun holen Sie einmal tief und vollständig Luft... Atmen Sie so tief ein, wie Sie können... tief hinab in Ihren Bauch... Und atmen Sie dann ganz gründlich wieder aus...

Und noch einmal einatmen... Diesmal können Sie die warme Kraft Ihres Atems an alle Stellen Ihres Körpers schicken, die angespannt sind oder müde, oder die vielleicht schmerzen... Und Sie können die Spannung beim Ausatmen aus sich hinausfließen lassen...

Spüren Sie, wie Ihr Atem an alle angespannten Stellen geht, sie locker macht und warm und weich... und wie er dann alle Spannung an sich zieht und beim Ausatmen mit hinausnimmt, so daß Sie sich immer sicherer und bequemer, entspannter und behaglicher fühlen können, indem Sie einfach zuschauen, wie Ihr Atem Ihrem Körper guttut...

Und wenn störende Gedanken durch Ihren Geist ziehen, dann können Sie diese auch ausatmen... einfach loslassen, so daß Ihr Geist für einen kurzen Augenblick ganz frei ist... vielleicht nur für eine kurze Sekunde, ein freier und stiller Platz, so daß Sie diese Ruhe genießen können...

Und wenn noch irgendwelche Gefühle in Ihnen herumtanzen, dann können Sie diese auch bemerken und anerkennen und sie dann ebenfalls mit dem Atem hinausschicken, damit auch Ihr emotionales Zentrum still und ruhig wird... wie ein See ohne Wellen...

Und nun können Sie sich vorstellen, daß Sie auf einer überraschenden Urlaubsreise sind, die Sie nach Kalifornien gebracht hat. Sie sind schon ein paar Tage an der nördlichen Küste und genießen immer wieder den weiten Blick vom bergigen Ufer auf den weiten Pazifischen Ozean. Manchmal haben Sie sich gefragt, ob Sie dort weit draußen im Dunst des Meeres den einen oder anderen Wal oder zumindest einen Delphin ausmachen konnten...

Heute möchten Sie zum ersten Mal in einer der berühmten heißen Quellen baden, die es oberhalb der Steilküste gibt. In die Felsen sind große Bassins eingemeißelt, die mit dem warmen Wasser der Quellen gefüllt sind...

Stellen Sie sich vor, daß Sie in eines dieser Bassins steigen. Die Temperatur des Wassers ist gerade richtig für Ihr Empfinden. Sie können sich ganz sicher fühlen, während Sie im Wasser sitzen, verwöhnt von dem warmen, langsam durch das Bassin strömenden Wasser...

Ab und zu schauen Sie auf die Pinien, die hier und da Ihre großen Schirme über die Felsen heben, und manchmal blicken Sie weit hinaus auf den Ozean, der immer im selben Rhythmus seine Wellen gegen die Felsenküste schickt. Gedämpft hören Sie das Rauschen der Brandung weit unter Ihnen... Allmählich spüren Sie, wie das warme Wasser alle Spannung in Ihrem Körper auflöst und wie es Sie noch ein wenig weiter in Ihre große, steinerne Badewanne hineinrutschen läßt... Sie können sich ganz behaglich und warm fühlen, durch und durch... Auch das Empfinden von Müdigkeit schmilzt in der Wärme des Wassers... Ihr Geist kommt zur Ruhe, und Sie fühlen sich ganz friedlich und still und heiter...

Und während Sie sich noch mehr entspannen, können Sie einen lauen Wind spüren, der sanft über ihre Haut weht. Und wenn Sie genau hinhören, können Sie von irgendwoher den melodischen Klang einer Windharfe bemerken...

Allmählich verlieren Sie das Zeitgefühl, und Sie wissen nicht mehr, ob Sie nur Minuten oder schon Stunden in Ihrer heißen Quelle sitzen. Auf einmal bemerken Sie, daß der Sonnenunter-

gang beginnt. Der Himmel über dem Ozean leuchtet gelb-rot auf und die flauschigen Wolken färben sich golden... kupferfarben... purpurn... und rot... Der Himmel wird dunkler und dunkler, und der Mond steigt empor... Der dunkelblaue Nachthimmel ist übersät mit Sternen...
Sie lassen sich noch tiefer in das Wasser gleiten, um den Himmel über Ihnen ganz in sich aufzunehmen, und Sie fühlen eine innere Verbindung mit dem Universum. In der Sicherheit und dem Frieden dieses Platzes haben Sie das Gefühl, daß alles so ist, wie es sein sollte... in einer vollkommenen Ordnung...
(15 Sekunden)
Und bringen Sie etwas von diesem wertvollen Empfinden hierher zurück in diesen Raum. Recken und strecken Sie sich ein wenig und spüren Sie Ihren Körper... Atmen Sie einmal tief aus... und wenn Sie dazu bereit sind, öffnen Sie Ihre Augen... Seien Sie wieder hier, erfrischt und wach.

In der Karibik

(10 Minuten)

Ziele: In dieser Visualisierung arbeiten wir mit entspannenden Urlaubsbildern und geben den Teilnehmern Gelegenheit, sich von Sorgen und Belastungen zu distanzieren und sich mit dem Universum verbunden zu fühlen.

Anleitung: Setzen Sie sich bequem hin und schließen die Augen. Machen Sie bitte Ihren Rücken ganz gerade und atmen Sie dreimal tief aus... Lassen Sie die vielen Stimmen in Ihrem Geist langsam zur Ruhe kommen... Und wenn Ihnen irgendwelche Gedanken durch den Sinn gehen, dann lassen Sie sie einfach weiterziehen... bemerken Sie ihre Gegenwart und beobachten Sie, wie sie weiterziehen...
Nun stellen Sie sich vor, daß Sie umgeben sind von einem weißen Licht. Dieses weiße Licht ist wie eine Schutzhülle und gibt Ihnen das Gefühl der Sicherheit und der Geborgenheit. Wenn Sie dieses weiße Licht umgibt, dann kann nur Gutes zu Ihnen kommen, und auch nur Gutes wird von Ihnen ausgehen...

Nun stellen Sie sich einen großen Ozean vor... Bemerken Sie die Farben des Wassers... Fühlen Sie sich mit der Schönheit und der Größe des Ozeans verbunden...
Hören Sie auch den Klang der Wellen... Hören Sie, wie die Wellen herankommen und wie sie wieder hinausgehen... Lassen Sie sich von diesem immer gleichen Rhythmus noch mehr entspannen, so daß Sie ein Gefühl tiefer Zufriedenheit in sich spüren können...
Und nun stellen Sie sich einen langen, hellen Sandstrand vor... Gehen Sie diesen Strand entlang und spüren Sie den feinen Sand unter Ihren Füßen... Spüren Sie, wie Ihre Füße Sie mit der Erde verbinden und mit all den anderen Lebewesen, die über die Erde gehen...
Während Sie den Strand entlanggehen, fühlen Sie sich stark und sicher. Auf einem kleinen Sandhügel finden Sie die Hülle eines

großen Luftballons. Geben Sie diesem Ballon irgendeine Farbe, die Ihnen gefällt. Nehmen Sie den Ballon in Ihre Hände und denken Sie an die Dinge, die Sie belasten, die Ihnen Sorgen machen oder die Sie schmerzen... Füllen Sie den Ballon mit all Ihren Sorgen, so wie sie Ihnen jetzt einfallen... Sehen Sie, wie sich der Ballon von selbst aufbläht... ein bunter Behälter für Kummer und Sorgen. Verschließen Sie den Ballon und lassen Sie ihn dann nach oben steigen, hoch in den Himmel... Beobachten Sie, wie der Ballon höher und höher steigt... und kleiner und kleiner wird... Irgendwie haben Sie das Zutrauen, daß Ihre Sorgen im Universum gut aufgehoben sind, daß es für alle Probleme Lösungen gibt... In diesem Augenblick fühlen Sie sich befreit von dem Druck, an diesen Problemen zu arbeiten... Sie fühlen sich leichter, glücklicher, voller Freude...
Und während Sie den Strand weiter entlangwandern, fühlen Sie sich mit dem gesamten Universum verbunden. Sie fühlen sich wohl in Ihrer eigenen Haut, und in diesem Moment empfinden Sie eine tiefe Übereinstimmung mit der Welt. Es ist beruhigend zu wissen, daß Sie immer an diesen Strand zurückkehren können, wenn Sie neue Kraft schöpfen wollen oder eine Pause brauchen, um später frisch an Ihre Aufgaben herangehen zu können...
Bringen Sie nun etwas von Ihrer neugefundenen Ruhe hierher zurück. Recken und strecken Sie sich ein wenig und atmen Sie einmal tief aus... Spüren Sie Ihren Körper und öffnen Sie dann in Ihrem eigenen Rhythmus die Augen. Seien Sie wieder hier, erfrischt und wach.

Hohe Berge

(10 Minuten)

Ziele: Diese Phantasiereise bietet Entspannung und Erholung, aber auch die Anregung, die Dinge des Alltags aus einer neuen Perspektive zu sehen.

Anleitung: Setzen Sie sich bequem hin und schließen die Augen, atmen Sie dreimal tief aus...

Stellen Sie sich vor, daß Sie allein auf einer Wanderung im Gebirge sind. Nach einem langen Anstieg haben Sie einen Berggipfel erreicht... den Gipfel eines wunderschönen hohen Berges. Um Sie herum sehen Sie Gras und Wildkräuter... Storchenschnabel, Alpenveilchen und Enzian...

Die Luft ist kühl und frisch... Es geht ein sanfter Wind, und Sie haben das Gefühl, ganz lebendig und aufmerksam zu sein.

Wenn Sie hinuntersehen, blicken Sie auf das dichte Gras. Der sanfte Wind läßt die Halme hin- und herschwingen, ganz leicht und elastisch. Wenn Sie sich umschauen, sehen Sie die zarten Blüten der Bergblumen in allen Regenbogenfarben – gelb, rot, purpurfarben, blau und weiß... Gräser und Blumen teilen sich den Platz und die spärliche Erde auf dem Berggipfel... Aber es gibt soviel Sonnenlicht hier, daß sich ein dichter Teppich des Lebens zwischen all den Felsen bilden kann...

Nun lassen Sie Ihre Aufmerksamkeit zu den weiter unten wachsenden Bäumen wandern, die den Gewittern des Sommers und Eis und Schnee des Winters trotzen. Betrachten Sie die kräftigen Stämme, deren dicke Rinde die Lebenskraft der Bäume schützt. Vielleicht haben Sie Lust, an einen der großen Bäume heranzutreten und seinen Stamm zu berühren. Wie fühlt sich das an? Manchmal wünschen wir uns selbst etwas von der Standfestigkeit dieser Bäume, die sich mit ihren großen Wurzeln so fest in dem Fels verankern.

Oben streckt der Baum Äste und Zweige in den Himmel... Bemerken Sie, wie das Sonnenlicht durch die Krone herabfällt und schöne Muster aus Licht und Schatten auf den Boden zeichnet.

Die Zweige des Baumes tanzen hin und her zu der Musik des Windes, und vielleicht haben Sie Lust, sich einen Augenblick an den Fuß des Baumes zu setzen und Ihren Rücken an den starken Stamm zu lehnen. Von hier haben Sie einen neuen Blick über das Gebirge. Bemerken Sie all die anderen Gipfel, die tiefen Täler, Bäche, die schnell von den Bergen springen, und die ruhigen Flüsse im Tal, kleine Straßen, hier und da einzelne Gehöfte und weiter unten, dicht beieinander, die Häuser von kleinen Dörfern.

Hier oben auf dem Berg können Sie eine schöne Übersicht genießen und genug Abstand haben von den Dingen des Alltags. Sie können eine neue Perspektive einnehmen zu den Dingen des Lebens. Manches, was vorher groß schien, wirkt hier klein, und manches, was vorher eher unbedeutend wirkte, zeigt hier Würde und Schönheit.

Irgendwie haben Sie das Empfinden, daß es heilsam ist, von Zeit zu Zeit einen anderen Standort einzunehmen, damit andere Fragen entstehen und neue Antworten gefunden werden können. Benutzen Sie diese Gelegenheit nun für sich. Ich werde eine Minute schweigen, damit Sie diese Zeit auf dem Berggipfel so für sich ausnutzen können, wie es gut ist für Sie. (1 Minute)

Nun ist es Zeit, daß Sie sich von dem Berg verabschieden. Bringen Sie alles Wertvolle, was Sie dort gespürt haben, hierher zurück. Recken und strecken Sie sich ein wenig... atmen Sie einmal tief aus und öffnen Sie dann die Augen, erfrischt und wach...

Der Teich

(3 Minuten)

Ziele: Dies ist eine kurze Entspannungsphantasie, die den Teilnehmern hilft, sich zu regenerieren und sich neu zu konzentrieren.

Anleitung: Setzen Sie sich bequem hin und schließen Sie die Augen. Machen Sie Ihren Rücken ganz gerade und atmen Sie dreimal tief aus...

Stellen Sie sich vor, daß Sie am Rande eines ruhigen, klaren Teiches stehen. In Ihren Händen halten Sie einen schweren Felsbrocken, den Sie langsam hoch über Ihren Kopf heben. Beobachten Sie, wie Sie den Felsbrocken in das Wasser fallen lassen... Stellen Sie sich vor, daß Sie in Zeitlupe beobachten, wie das Wasser aufspritzt, wie der Stein langsam auf den Boden des Teiches sinkt.

Nun sehen Sie, wie sich das Wasser wieder geschlossen hat und wie kleine Wellen von der Stelle ausgehen, wo der Stein versunken ist. Langsam breiten sie sich nach allen Seiten des Teiches aus...

Beobachten Sie, wie die Wellen flacher und flacher werden, bis sie schließlich ganz verschwinden, so daß das Wasser des Teiches wieder so glatt wird wie ein stiller Spiegel, in dem sich der weite Himmel zeigt und vielleicht ein paar flauschige Wolken, die langsam ihre Bahn ziehen.

Und nun kommen Sie mit Ihrer Aufmerksamkeit bitte hierher zurück. Atmen Sie einmal tief aus. Öffnen Sie dann die Augen, erfrischt und wach...

Siesta

(10 Minuten)

Ziele: Entspannungsübungen haben dann die beste Wirkung, wenn sie uns helfen, wieder empfänglich zu sein für die Schönheit des Lebens. Für jeden bietet das Leben genügend schwierige Erfahrungen und Streß, so daß wir einen Ausgleich brauchen. Optimistisch können wir jedoch nicht sein, wenn wir immer nur große Ziele verfolgen, die in weiter Ferne liegen. Die Quelle eines fundierten Optimismus ist unsere Fähigkeit, jeden Tag die vielen kleinen Glücksmomente erleben zu können, in denen wir ganz spontan unser Herz öffnen und so etwas denken wie: „Ist das schön!"

Die folgende Phantasiereise ist ganz auf dieser Linie und lädt Ihre Teilnehmer dazu ein, sich in einem schönen Bergwald in einer Hängematte zu entspannen und eine genußreiche Siesta zu erleben.

Anleitung: Machen Sie es sich auf Ihrem Stuhl bequem. Stellen Sie die Füße flach auf den Boden und bringen Sie Rücken, Nacken und Kopf in eine gerade Linie...

Gönnen Sie sich ein paar tiefe Atemzüge. Atmen Sie durch die Nase ein und durch den Mund wieder aus, damit Sie sich mit einer Extraportion Sauerstoff und frischer Energie versorgen...

Und nun können Sie Ihre Augen schließen, um noch deutlicher zu bemerken, daß Ihre Anspannung beim Ausatmen aus Ihrem Körper hinausfließt... mit jedem Atemzug ein wenig mehr...

Lassen Sie die Anspannung aus Ihrem Gesicht hinausfließen... aus Ihren Schultern... aus der Muskulatur von Nacken und Rücken... aus Ihrem Bauch... aus Armen und Beinen...

(30 Sekunden)

Nun können Sie darauf vertrauen, daß Ihr Körper einen Atemrhythmus findet, der passend ist für Sie. Je häufiger Sie solche Entspannungsübungen machen, desto schneller werden Sie sich entspannen können.

Nun können Sie sich vorstellen, daß Sie auf einer Wanderung im

Gebirge sind... Ihr Weg führt leicht bergab, und Sie genießen die frische und klare Bergluft. Bäume, Büsche und Gräser zeigen das dunkle Grün des Sommers... Es ist schon spät am Nachmittag. Rechts neben Ihnen ragen mächtige Kiefern in den dunkelblauen Himmel. Auf der linken Seite des Weges hören Sie das Rauschen der Espen. Sie sehen, wie die Blätter silbrig blinken im sanften Sommerwind...
Nach einer Weile kommen Sie an eine Wiese, auf der sich die Waldarbeiter eine kleine Schutzhütte errichtet haben. Zwischen zwei großen Pinien sehen Sie eine bequeme Hängematte und sie folgen ihrer Einladung und strecken sich in der Hängematte aus. Ganz sanft können Sie sich nun hin- und herwiegen lassen. Um sich herum sehen Sie die Wiese und einen Teppich von Wildblumen in allen Farben... blau... rot... weiß... orange... Von Zeit zu Zeit tauchen große Schmetterlinge in Ihrem Blickfeld auf, die ganz unberechenbar über die Wiese tanzen... Über sich sehen Sie die Kronen der Kiefern und einen dunkelblauen Himmel mit wenigen flauschigen, weißen Wolken. Dies ist eine gute Zeit für eine kleine Siesta... Während Sie sich sanft in der Hängematte schaukeln lassen, genießen Sie die Waldluft mit ihrem ganz besonderen Aroma. Sie glauben, den bitteren Duft des Waldmooses zu riechen und das harzige Aroma der Pinien... Jetzt können Sie noch mehr loslassen... Anspannungen und all die Gedanken und Dinge, die Sie zu erledigen haben... Vielleicht treffen Sie jetzt eine bewußte Entscheidung, daß Sie das Recht haben, diesen Augenblick voll und ganz zu genießen...
Über Ihnen sehen Sie, wie eine kleine Eule geräuschlos heranfliegt und sich ganz in Ihrer Nähe auf einen dicken Ast setzt. Sie spüren, wie Sie neugierig werden und abwarten, was die Eule vorhat. Offenbar hat die Eule nichts gegen Ihre Anwesenheit einzuwenden, denn sie blickt Sie mit großen, gelbbraunen Augen an und beginnt, sich die Federn zu putzen... Irgendwie haben Sie das Gefühl, daß zwischen Ihnen und der Eule eine wortlose Unterhaltung stattfindet. Und irgendwie können Sie sich jetzt noch besser entspannen, wenn Sie bemerken, mit welcher Gelassenheit die Eule ihr Gefieder in Ordnung bringt... Nun

ist die Eule fertig. Sie breitet die Schwingen aus und fliegt ganz geräuschlos in die Tiefe des Waldes... Sie schauen nach oben und beobachten die großen weißen Wolken, die über den Himmel ziehen. Jetzt sind viel mehr Wolken aufgetaucht, und eine scheint die andere vor sich herzuschieben... Ein leichter Nebel kommt auf, und Sie spüren, wie die feuchte Luft Ihr Gesicht sanft berührt... Sie hören mit dem Schaukeln auf und berühren die kleinen Tröpfchen auf Ihrem Gesicht... Jetzt wissen Sie, daß es gleich regnen wird. Ab und zu hören Sie, wie die ersten Tropfen auf die Blätter der nahen Büsche fallen... Sie steigen aus der Hängematte und gehen zurück zu Ihrem Waldweg. Von dort schauen Sie sich noch einmal um, um sich das Bild dieses schönen Platzes gut einzuprägen. Sie wissen, daß Sie in Ihrer Phantasie immer hierher zurückkehren können, wenn Sie spüren, daß Sie eine erfrischende Pause gebrauchen...
Und bringen Sie etwas von der Lebensfreude in diesen Raum zurück, die Sie hier in der Natur empfinden konnten. Recken und strecken Sie sich ein wenig, atmen Sie einmal tief aus und öffnen Sie dann die Augen... Seien Sie wieder hier, erfrischt und wach.

59

Zu neuen Ufern

(10 Minuten)

Ziele: Wir wollen nicht vergessen, daß wir uns auch dann ganz von selbst entspannen können, wenn wir Schwierigkeiten gemeistert haben, wenn wir eine Herausforderung bewältigt und eine Aufgabe erledigt haben. Dies ist eine Phantasiereise, die Willenskraft und Optimismus Ihrer Teilnehmer stärken kann, um sie so auf eine ganz besondere Weise zu erfrischen.

Anleitung: Manche Menschen machen sich zuviel Sorgen über den Streß in ihrem Leben, dabei brauchen wir Streß, um überhaupt leben zu können. Streß ist an und für sich nicht so schlecht, wie uns häufig erzählt wird, im Gegenteil: Er ist wichtig für Gesundheit und langes Leben. Die Leute, die den meisten Streß haben, entwickeln oft eine Widerstandskraft, die ihnen dann hilft, wenn sie einmal ernstlich erkranken. Gesunder Streß fordert uns heraus und hilft uns, unsere besten Kräfte zu mobilisieren. Wenn wir das Gefühl haben, genügend Kontrolle auszuüben, wenn wir darauf bauen dürfen, daß wir auch Fehler machen können, dann ist Streß das Tor zu einem tiefen Vergnügen, daß wir uns nämlich kompetent, leistungsstark und kreativ erleben können.
Manchmal ist es für uns schwer zu unterscheiden, mit welcher Art Streß wir es zu tun haben. Darum möchte ich Sie jetzt zu einer Phantasiereise einladen, bei der Sie alle Merkmale von produktivem Streß erleben können, vor allem aber können Sie erleben, daß Sie es schaffen, eine herausfordernde Situation zu meistern.
Setzen Sie sich bequem hin und schließen die Augen. Atmen Sie dreimal tief aus...
Und nun stellen Sie sich vor, daß Sie Ihren Urlaub in den Bergen verbringen. Sie haben weite Wanderungen unternommen, die Sie auf hohe Berge und in tiefe Täler geführt haben...
Jetzt stehen Sie am Ufer eines tiefen Bergsees und schauen über das Wasser auf das andere Ufer. Dort, wo Sie gerade stehen, gefällt es Ihnen überhaupt nicht. Das Ufer macht einen traurigen

und düsteren Eindruck. Das Wasser ist grau und der Wind peitscht die Wellen hoch. Außerdem regnet es in Strömen...

Sie sehen, daß der See auf der anderen Seite viel schöner ist. Dort gibt es Menschen, die den hellen Sonnenschein genießen. Dort herrscht eine wunderbare, lebendige Atmosphäre. Dort drüben ist das Ufer des Wohlbefindens und der Freude.

Stellen Sie sich nun vor, daß Sie den See überqueren wollen, auch wenn das beträchtliche Anstrengung mit sich bringen wird...

Sie können entscheiden, ob Sie ein Ruderboot benutzen wollen, ob Sie ein Paddelboot nehmen oder vielleicht sogar schwimmen wollen. Vielleicht ziehen Sie auch noch andere Möglichkeiten in Erwägung... Sie wissen, daß Sie nicht nur mit Wind und Wellen kämpfen müssen. Noch andere Hindernisse werden es Ihnen schwer machen, vom Ufer des Trübsinns hinüberzugelangen an das Ufer der Freude. Aber Sie dürfen die feste Zuversicht haben, daß Sie diese Schwierigkeiten überwinden...

Wenn Ihnen die Entfernung zu groß zu sein scheint, oder wenn Sie erschöpft sind, können Sie die kleinen Inseln im See als Rastplatz benutzen... Ich werde gleich schweigen, damit Sie Ihren Weg an das andere Ufer selbst finden können. Aber wenn Sie das Ufer der Freude erreichen, dann werden Sie eine Welle der Zuversicht spüren und Sie werden fest daran glauben, daß Sie Ihr Leben so führen können, wie Sie selbst es möchten. Sie werden davon überzeugt sein, daß Sie die Herausforderungen Ihres Lebens meistern können.

Wenn Sie das andere Ufer erreicht haben, dann dürfen Sie sich ein wenig Zeit lassen, Ihren Erfolg zu genießen, ehe Sie die Augen öffnen, um uns zu zeigen, daß Sie es geschafft haben.

60

Aloha

(5 Minuten)

Ziele: Es ist außerordentlich nützlich, wenn Ihre Teilnehmer lernen, wie sie sich allein entspannen können. Aber sie sollen dabei nicht stehenbleiben, sie müssen lernen, wie sie ihren Lebensgenuß mit anderen teilen können.

Anleitung: Wenn wir alt werden und das Leben lange Zeit genießen wollen, dann ist es nicht ausreichend, daß wir wissen, wie wir uns entspannen können. Die Voraussetzung dafür ist, daß wir lernen, allein und mit anderen die einfachen Freuden des Lebens tief zu genießen, nicht nur die großen, spektakulären Ereignisse. In dieser Hinsicht können wir von den Völkern Polynesiens lernen. Ihre weisen Männer und Frauen lehren, daß ein vergnügtes und glückliches Leben auf unserem siebten Sinn basiert. Der siebte Sinn führt uns ganz automatisch zu allem, was gesund und vergnüglich ist, zu allem, was sich in einer Erfahrung manifestiert, die die Polynesier „Aloha" nennen. Sie haben dieses Wort sicher in den vielen Liedern gehört, die es über die Südsee gibt, wenn man es wörtlich übersetzt, dann bedeutet es: „Den Atem des Lebens mit anderen teilen." Interessanterweise hat unsere Kultur dafür keinen Begriff. Es ist aber leicht zu verstehen, daß Menschen, die sich mit anderen verbunden fühlen, genußfähiger und langlebiger sind als Menschen, die das Leben nur unter dem Gesichtspunkt des Wettbewerbs sehen können.
Darum möchte ich Sie jetzt zu einer besonderen Entspannungsübung einladen, bei der Sie dieses berühmte Aloha selbst erleben können.

Setzen Sie sich bitte bequem hin und schließen Sie die Augen. Bringen Sie Kopf, Nacken und Rücken in eine gerade Linie und atmen Sie dreimal tief aus... Wenn Sie wollen, können Sie beim Einatmen im stillen das Wort „alo" ganz sanft sagen und daran denken, daß dieses Wort teilen bedeutet. Und wenn Sie ausatmen, können Sie ganz sanft das Wort „ha" sagen, das atmen

heißt. Atmen Sie eine Weile so und begleiten Sie Ein- und Ausatmen mit diesen ozeanischen Wörtern. (30 Sekunden)
Nun können Sie Ihren Atem sich selbst überlassen und sich vorstellen, daß Sie an einem polynesischen Strand stehen, kurz nachdem Sie morgens erwacht sind... Die warme Brise des neuen Tages kommt vom Ozean, und Sie können eine Spur Salz entdecken, wenn Sie über Ihre Lippen lecken... Sie hören, wie die Wellen auf den weißen Sandstrand plätschern. Die tropische Luft riecht ganz frisch, als ob ein sanfter Regen gerade aufgehört hätte, und ab und zu bemerken Sie kleine aromatische Akzente von den frischen Blumen, die überall um Sie herum blühen... Ganz ruhig und stetig können Sie Ihren Herzschlag spüren, der Sie vielleicht an die vollklingenden Trommeln des Pazifik erinnert, zu deren Klängen heitere Männer und Frauen tanzen... Über die Berge der Insel lächelt ein leuchtender Regenbogen und kündigt einen neuen Tag an.
Stellen Sie sich vor, wie Sie auf das Meer hinausschauen, sich strecken und tief ein- und ausatmen... In diesem Augenblick denken Sie daran, daß es nicht ausreicht, allein für sich entspannt zu atmen, um den vollen Segen dieses Paradieses genießen zu können. Darum dürfen Sie sich jetzt irgendeinen Menschen herbeiwünschen, einen Menschen, den Sie wirklich gern haben. Lassen Sie sich einen Augenblick Zeit, um herauszufinden, mit wem Sie die frische Luft dieses Morgens gern teilen möchten... Sie können sich jemanden herbeiwünschen, den es wirklich gibt. Aber wenn es besser für Sie paßt, können Sie sich auch einen Menschen herbeiwünschen, den Sie erst noch in Ihrem Leben treffen möchten... Und dann sehen Sie diesen Menschen neben sich am Strand. Begrüßen Sie ihn und danken Sie ihm, daß er diese Zeit mit Ihnen teilen will. Dann können Sie beide anfangen, im gleichen Rhythmus zu atmen. Vielleicht ist es dazu gut, daß Sie sich gegenüberstehen, so daß Sie sich in die Augen sehen können. Vielleicht wollen Sie beide mit geschlossenen Augen dastehen und einander an den Händen halten. Das ist alles gleich gut. Wichtig ist, daß Sie spüren können, wie es ist, wenn Sie diese tiefen ruhigen Atemzüge mit jemandem tei-

len, dessen Gegenwart für Sie wertvoll ist. Atmen Sie eine Weile gemeinsam und spüren Sie, wie sich Ihr Herz dabei vielleicht weiter und wärmer anfühlt. Ich werde eine Weile schweigen, damit Sie dieses Erlebnis voll genießen können. (30 Sekunden) Und nun hoffe ich, daß Sie in der Phantasie einen besonderen Tagesbeginn erlebt haben. Verabschieden Sie sich von Ihrem Besucher und danken Sie ihm, daß er mit Ihnen den Atem des Lebens geteilt hat. Sehen Sie, wie Ihr Besuch Sie wieder verläßt, und spüren Sie den Nachklang dieses Erlebnisses.

Bringen Sie etwas von diesem Erlebnis der Freude hierher zurück, wenn Sie sich gleich recken und strecken und einmal tief ausatmen... Öffnen Sie in Ihrem eigenen Rhythmus die Augen und seien Sie wieder hier, erfrischt und wach.

Gruppenkohäsion

Was ich sagen muß

(10 Minuten)

Ziele: Eine wichtige Bedingung für Gruppenkohäsion ist die Fähigkeit der Gruppe, über Stimmungen und Gefühle zu sprechen. Damit eine Gruppe effektiv funktionieren kann, ist es wichtig, daß der einzelne realistische Gefühlsbotschaften geben kann, ungefähr so: „Ich bin gerade aufgeregt, weil ich gehört habe, daß es in meinem Projekt eine Panne gegeben hat..."
Dies ist ein einfaches Ritual, bei dem Gruppenleiter und Teilnehmer erfahren können, wie die Gefühlslage jedes einzelnen Gruppenmitgliedes gerade ist.
„Was ich sagen muß..." ist vor allem für den Beginn einer Sitzung bestimmt.

Anleitung: Denken Sie bitte einen Augenblick darüber nach, mit welcher Stimmung Sie in diese Sitzung gekommen sind. Mein rechter Nachbar soll gleich beginnen, und dann gehen wir einmal im Kreis herum. Jeder soll uns eine kurze Information über seine Stimmung geben. Beginnen Sie immer mit den Worten: „Ich muß sagen, daß..." und sprechen Sie dann von Ihrem eigenen Gefühlszustand, indem Sie z. B. sagen: „Ich muß sagen, daß ich sehr erfreut in diese Sitzung gekommen bin. Ich bin schon neugierig, was ich jetzt wieder Neues lernen werde..." Bitte achten Sie darauf, daß Sie nicht mehr als drei Sätze sagen, damit jeder ungefähr die gleiche Beachtung finden kann und wir am Ende ein gutes Bild haben, mit welchen ähnlichen oder unterschiedlichen Gefühlen wir in diese Sitzung gegangen sind.

Etwas Neues und Gutes

(10 Minuten)

Ziele: Dies ist ein anderes Eröffnungsritual für eine Gruppe, die sich in Abständen trifft. Die Teilnehmer können sich rasch wieder miteinander verbunden fühlen, außerdem setzt diese Übung einen positiven Akzent und gibt der Gruppe somit Energie und Optimismus für die gemeinsame Arbeit.

Anleitung: Lassen Sie uns die Arbeit mit guten Nachrichten beginnen. Denken Sie bitte alle einen Augenblick darüber nach, was Sie in der letzten Zeit erlebt haben, wovon Sie sagen können: „Das war etwas Neues und Gutes." Diese Dinge können aus Ihrem Berufsleben stammen, sie können genausogut aus Ihrem Privatleben sein. Dann möchte ich, daß mein linker Nebenmann beginnt und uns mit ein paar Sätzen berichtet. Dann gehen wir weiter im Kreis herum. Wenn jemand von Ihnen kurz auf die einzelnen Mitteilungen reagieren möchte, dann ist das in Ordnung.

63

Talking stick

(20 Minuten)

Ziele: Dies ist ein Ritual, das Sie in Abständen wiederholen können. Eine Gruppe wird nicht nur dadurch kohäsiv, daß sich die Teilnehmer wechselseitig schätzen und gern zusammenarbeiten, sondern auch dadurch, daß Sie tiefergehendes Verständnis füreinander haben. Dieses Ritual ermuntert zu offener Kommunikation und erleichtert es allen Beteiligten, mit Einfühlungsvermögen zu reagieren.

Besonders geeignet ist dieses Ritual für Gruppen, die sich in Abständen treffen, aber auch für Arbeitsgruppen, in denen die persönliche Information erfahrungsgemäß oft zu kurz kommt.

Die Wirksamkeit dieses Rituals wird dadurch gesteigert, daß die Gruppe einen „Talking stick" benutzt. Er wird bei einigen Indianerstämmen Nordamerikas benutzt, wenn die Erwachsenen eines Stammes wichtige Dinge besprechen. Wenn wir einen solchen Redestab benutzen, dann deuten wir symbolisch an, daß wir an einem wichtigen Ritual teilnehmen, das die Mitglieder dieser Gruppe verbindet.

Am besten ist es, wenn Sie einen solchen „Talking stick" mit der ganzen Gruppe gemeinsam herstellen. Nehmen Sie z. B. ein Stück Besenstiel o. ä. und dekorieren Sie es gemeinsam mit der Gruppe. Von jedem soll eine Verzierung, ein Wort oder eine Maxime auf dem Stab vorkommen.

Dieses Ritual ist allerdings nur dann angebracht, wenn die Gruppe selbst daran interessiert ist, ein hohes Maß an Gruppenkohäsion zu entwickeln.

Material: Ein „Talking stick".

Anleitung: Ich möchte Ihnen erklären, wie das Ritual mit dem „Talking stick" funktioniert. Ich habe eine Liste mit Satzanfängen, und heute will ich daraus einen aussuchen. In Zukunft soll das immer ein anderes Gruppenmitglied machen. Dieses Ritual gibt uns Gelegenheit, etwas mehr voneinander zu erfahren und uns

besser zu verstehen. Einer von uns hält den Redestab in der Hand. Das bedeutet, daß nur er sprechen darf und daß er einen Anspruch darauf hat, daß die anderen aufmerksam zuhören. Wenn der Betreffende zu Ende gesprochen hat, gibt er den Redestab an seinen rechten Nachbarn weiter. So geht es weiter, bis jeder von uns den Redestab gehabt hat.
Wenn jemand aus irgendeinem Grunde nichts zu dem gemeinsamen Thema sagen möchte, sagt er einfach: „Ich passe", nennt uns kurz den Grund und gibt dann den Redestab weiter. Der Satzanfang, den ich für unsere erste Runde ausgewählt habe, ist: „Ich bin begeistert, wenn..."
(Vielleicht ist es gut, wenn Sie das erste Mal selbst beginnen und den Redestab dann weitergeben.
Wenn alle gesprochen haben, sollte es einen kurzen Reaktionsaustausch geben.

Im folgenden machen wir Ihnen Vorschläge für interessante Satzanfänge:

- Ich bin begeistert, wenn...
- Ich sehe eine meiner Stärken darin, daß ich...
- An meinem/unserem Unternehmen schätze ich am meisten, daß...
- Jemand, von dem ich viel gelernt habe, ist...
- Wenn ich mir selbst etwas Gutes tun will, dann...
- Ich fühle mich verlegen, wenn...
- Ich kann nicht ausstehen, daß...
- Niemand würde glauben, daß ich...
- Ich erwarte von mir, daß ich...
- Kürzlich habe ich...
- Ich freue mich, wenn...
- Es geht mir immer noch im Kopf herum, daß...
- An einem Kollegen schätze ich, wenn er...
- Laßt mich bloß in Ruhe, wenn...
- Ich werde eifersüchtig, wenn...
- Ich bin ganz stolz, wenn...
- Am meisten fürchte ich, daß...

- Nennen Sie mich bloß nie...
- Am meisten interessiert mich...
- Ich möchte endlich einmal ausprobieren, wie...
- Am besten komme ich mit Leuten aus, die...
- In fünf Jahren will ich...
- Das beste, was ich aus meiner Kindheit mitgebracht habe, ist...
- Männer sind...
- Frauen sind...)

Einfühlungsvermögen zeigen

(20 – 30 Minuten)

Ziele: Wenn sich die Teilnehmer Ihrer Gruppe bereits ziemlich gut kennen, bietet dieses Ritual die Möglichkeit, die Bande zwischen den Teilnehmern auf eine humorvolle Weise zu verstärken.

Material: Papier und Bleistift und ein Hut.

Anleitung: Ich möchte Sie zu einem Spiel einladen, das Sie gut unterhalten wird. Gleichzeitig ist es ein weiterer Schritt für die Gruppe, mehr voneinander zu erfahren und gemeinsam etwas Spaß zu haben.
Schreiben Sie bitte Ihren Namen auf ein kleines Stück Papier und falten Sie es anschließend klein zusammen. Ich werde dann alle Namen mit dem Hut einsammeln...
Nun ziehen Sie bitte jeder einen Namen aus dem Hut und stellen Sie sicher, daß Sie nicht Ihren eigenen Namen gezogen haben.
Ein Freiwilliger wird anfangen und sich hinter die Person stellen, deren Namen er gezogen hat. Dann wird der Freiwillige improvisieren und der Gruppe folgende Informationen über seinen Vordermann geben:

1. Ein verborgenes Talent des Gruppenmitgliedes.
2. Die Erwartung des Gruppenmitgliedes an diese Sitzung.
3. Ein geheimes Laster des Gruppenmitgliedes.

Ich hoffe, daß Sie diese kleine Aufgabe möglichst kreativ lösen und dem Gruppenmitglied, das Sie vorstellen, zeigen, daß Sie es bisher aufmerksam und interessiert beobachtet haben.
Wer möchte dieses Ritual beginnen?

Kleingruppen-Dynamik

(30 Minuten)

Ziele: In diesem Spiel können die Gruppenmitglieder Feedback über ihr Verhalten in der Gruppe bekommen. Die Struktur arbeitet mit dem Moment der Überraschung. Außerdem kommt das Feedback immer nur von einer Person, so daß niemand durch zu massive Rückmeldung überwältigt wird. Ein so dosiertes Feedback kann leichter angenommen oder bedacht werden. Die ganze Übung hat das Ziel, die Aufmerksamkeit der Gruppenmitglieder auf die Funktionsweise der Gruppe zu lenken und etwas mehr Offenheit zu bewirken. Wenden Sie dieses Spiel nur dann an, wenn die Gruppe bereits ein gewisses Vertrauenspotential entwickelt hat.

Anleitung: Ich möchte Sie zu einem Spiel einladen, bei dem Sie einander Feedback geben können. Sie können beides üben: Feedback zu geben und Feedback zu bekommen. Dabei bedenken Sie bitte, daß Sie einander auch bisher ständig Feedback gegeben haben. Auf irgendeine Weise haben Sie Ihren Kollegen z. B. gezeigt, daß Sie sich gerne mit ihnen unterhalten, und genauso haben Sie ihnen gezeigt, wenn Sie sich zurückziehen wollten und einen Kontakt beenden wollten. Sie haben einander gezeigt, wie gut Sie zuhören, wieweit Sie sich in andere hineinversetzen oder wie anregend Sie kooperieren können. In vielen Situationen registrieren wir diese Dinge, ohne darüber zu sprechen. Dies ist eine Situation, in der wir üben können, unsere Beobachtungen und Erlebnisse zu verbalisieren.

Und jetzt will ich Ihnen erklären, wie diese Übung geht:

Sie können gleich anfangen, im Gruppenraum herumzugehen. Wir werden acht verschiedene Runden haben, und in jeder Runde können Sie entscheiden, ob Sie lieber etwas hören oder lieber etwas sagen wollen. Wenn Sie etwas sagen wollen, dann gehen Sie auf irgend jemanden zu, dem Sie gern etwas sagen wollen, und legen Sie ihm einfach die Hand auf die Schulter. Diese Geste heißt: „Ich bin interessiert an Ihnen. Ich will Ihnen gleich etwas sagen." Zu diesem Zeitpunkt wissen Sie noch nicht, worüber Sie sprechen werden, weil ich Ihnen das Thema erst bekanntgebe, wenn die ganze Gruppe sich in Paare aufgeteilt hat.

Das Gruppenmitglied, dem die Hand auf die Schulter gelegt wird, muß gar nichts sagen. Es hat die Chance, eine Botschaft zu hören, die vielleicht neu ist, vielleicht aber auch schon geahnt wird. Es kann seine „Filter" benutzen, die wir alle anwenden, wenn wir ein Feedback bekommen. Wir machen uns mit ihrer Hilfe klar, wer uns das Feedback gibt. Wir machen uns auch klar, ob das Feedback aus einer wohlwollenden Perspektive kommt, besonders dann, wenn es kritisch ist, und wir können überlegen, ob das Feedback für uns nützlich ist, ob wir irgend etwas daraus lernen können. Bitte stellen Sie keine weiteren Fragen, sondern danken Sie dem Kollegen immer auf die gleiche Weise, indem Sie sagen: „Danke schön, daß Sie mir das gesagt haben."

Nun stellen Sie die Stühle bitte etwas zurück und fangen Sie an, im Raum herumzugehen. Überlegen Sie, ob Sie in dieser ersten Runde etwas sagen oder etwas hören wollen. Bitte halten Sie sich auch daran, daß hier kein wechselseitiges Feedback gegeben werden soll. Und nun bilden Sie bitte Paare...

Jetzt will ich Ihnen Ihr Thema bekanntgeben: Sagen Sie dem Kollegen, wie gut Sie sich von ihm verstanden fühlen. Sie haben eine Minute Zeit dafür...

Nun gehen Sie bitte weiter herum, überlegen Sie dabei, ob Sie in der zweiten Runde lieber sprechen oder lieber zuhören wollen... Bilden Sie wieder Paare. Wenn Sie zu den Sprechern gehören, dann sagen Sie Ihrem Kollegen, wie er Ihrer Meinung nach die Lernchancen benutzt, die ihm die Gruppe bietet. Sie haben wieder eine Minute Zeit...

(Fahren Sie in dieser Struktur fort. Im folgenden geben wir Ihnen Themenvorschläge, die Sie natürlich im Hinblick auf die besondere Situation Ihrer Gruppe abwandeln können:

- Sagen Sie dem Kollegen, wie fremd bzw. vertraut er Ihnen ist.
- Sagen Sie dem Kollegen, was Sie von seiner Fähigkeit halten, Ihnen und anderen aufmerksam zuzuhören.
- Sagen Sie dem Kollegen, was Sie an seiner Art zu sprechen reizt oder langweilt.
- Sagen Sie dem Kollegen, wie gut und wie gern Sie mit ihm zusammenarbeiten.
- Sagen Sie dem Kollegen, wie wichtig er Ihrer Meinung nach für die Gruppe ist.
- Sagen Sie dem Kollegen, ob er zuviel oder zuwenig Einfluß nimmt.
- Sagen Sie dem Kollegen, was Sie von seinem Enthusiasmus halten.)

Persönliche Stärken

(30 Minuten)

Ziele: Dieses Ritual ist besonders schön für ängstliche Gruppen oder für Gruppen, die noch nicht viel Vertrauen entwickelt haben. Es setzt einen positiven Akzent und konzentriert die Aufmerksamkeit der Teilnehmer auf ihre Stärken.
Interessant ist die anschließende Analyse der Stärken, weil hier drei unterschiedliche Kontexte angesprochen werden, nämlich: die Gruppe, der Arbeitsalltag und die Familie.

Material: Papier und Bleistift, eine Schachtel oder ein Hut.

Anleitung: Nehmen Sie sich ein Stück Papier und schreiben Sie eine persönliche Stärke auf, auf die Sie stolz sind. Beschreiben Sie diese Stärke bitte in einem ganzen Satz, damit für uns alle nachher deutlicher ist, was wir darunter zu verstehen haben. Schreiben Sie bitte nicht: Durchhaltevermögen, sondern machen Sie die Information etwas ausführlicher, indem Sie schreiben: Wenn ich mit einem schwierigen Problem kämpfe, dann verschaffe ich mir alle möglichen Informationen, wenn es sein muß, sogar von meinen persönlichen Rivalen... Falten Sie dann Ihr Blatt Papier zusammen und legen Sie es in diesen Hut.
Und nun will ich Ihnen sagen, wie es weitergeht: Einer von uns kann immer einen Zettel aus dem Hut holen und die Stärke vorlesen, die dort formuliert wurde. Dann soll der Betreffende mitteilen, warum diese Stärke erstens für diese Gruppe wichtig ist, zweitens, warum diese Stärke im Arbeitsleben wichtig ist, und drittens, warum diese Stärke in der Familie wichtig ist.
Dann kann das nächste Gruppenmitglied sich einen Zettel herausfischen und genauso verfahren.

Poetische Assoziationen

(15 Minuten)

Ziele: Dies ist ein sehr unterhaltsames Spiel, das die Teilnehmer anregt, sich miteinander auf eine ungewöhnliche Art und Weise zu beschäftigen. Sie trainieren dabei divergentes Denken, Kreativität, soziale Wahrnehmung und Einfühlungsvermögen. Vor allem erzieht das Spiel zu Respekt vor dem anderen. Diese poetischen Assoziationen sind oft zutreffender als unsere psychologischen Klassifikationen.

Am besten eignet sich dieses Spiel für kleinere Gruppen mit bis zu zwölf Mitgliedern, die einander schon gut kennen und deren Teilnehmer gewohnt sind, symbolisch zu denken.

Anleitung: Ich möchte Sie zu einem kurzen Spiel einladen. Einer von Ihnen kann uns ein Rätsel aufgeben. Der Betreffende sagt uns einfach: „Ich denke an jemanden in der Gruppe." Dann versuchen wir alle zu raten, wer die Person ist, indem wir eine besondere Art von Fragen stellen. Wir können z. B. fragen: „Wenn die Person eine Blume wäre, was wäre sie dann?", oder wir können fragen, was die Person wäre, wenn sie eine Frucht, ein Tier, eine Jahreszeit, ein Automodell oder ein Musikstück wäre, eine Landschaft, ein Möbelstück, ein Satzzeichen, ein Buchstabe usw. Die Person, die uns das Rätsel aufgibt, antwortet uns nach bestem Wissen und Gewissen, indem sie z. B. sagt: „Diese Person wäre eine Rose mit kräftigen Dornen." oder „Diese Person wäre eine Kokosnuß." Wann immer jemand glaubt, daß er das Geheimnis gelöst hat, dann darf er z. B. fragen: „Haben Sie sich vielleicht Mark ausgesucht?"

Wenn wir das Rätsel gelöst haben, dann kann sich jemand anders ein Gruppenmitglied ausdenken, das wir dann mit unseren Assoziationen herausfinden sollen.

Gruppenstandbild

(20 Minuten)

Ziele: Dies ist eine gute Gelegenheit für all die Gruppenmitglieder, deren Stärke nicht das Wort ist. Alle können sich beteiligen, um nacheinander ein Standbild zu formen, das in jedem Falle typisch für die Gruppe ist. Das Endergebnis sollten Sie mit einer Sofortbild-Kamera fotografieren, damit die Gruppe unmittelbares Feedback bekommt. Außerdem können Sie das Foto dann irgendwo an die Wand hängen. Interessant wird es, wenn Sie das Experiment nach einiger Zeit wiederholen, so daß beide Bilder verglichen werden können.

Material: Eine Sofortbild-Kamera.

Anleitung: Jede Gruppe ist einmalig, genauso wie jedes Gruppenmitglied einmalig ist. Der unverwechselbare Charakter einer Gruppe ist mit Worten schwer zu fassen. Darum möchte ich Ihnen eine Übung vorschlagen, bei der wir nicht sprechen müssen. Nacheinander werden wir alle zusammenkommen und gemeinsam ein Standbild der Gruppe schaffen. Wir werden im Kreis beginnen und uns alle auf den Boden setzen. Machen Sie den Kreis schön groß, damit in der Mitte viel freier Platz ist...

Einer von uns kann gleich anfangen, in die Mitte des Kreises gehen und sich dort irgendwie hinstellen, hinsetzen oder hinlegen, wie auch immer. Wenn der Betreffende sich für eine bestimmte Position entschieden hat, zeigt er es uns, indem er diese Position beibehält und sich nicht mehr bewegt. Dann kann das zweite Mitglied in den Kreis gehen und, wenn es möchte, eine Veränderung an dem Vorgänger vornehmen, z. B. kann es den rechten Arm in eine andere Position bringen. Anschließend bringt es sich selbst in eine bestimmte Position und behält diese dann bei. Bitte denken Sie daran, daß es auch möglich ist, einzelne Teile des Standbildes miteinander zu verbinden.

Dann kommt die dritte Person in den Kreis und kann wieder eine Sache verändern, entweder an der ersten oder an der zweiten Person, um sich dann selbst ebenfalls in eine bestimmte Position zu bringen. Die dritte Person muß Kontakt zu der Ursprungsperson haben und sie irgendwie ergänzen. Die vierte Person kann wieder irgend etwas an der schon vorhandenen Gruppe verändern, sie hat, wie die fünfte Person, auch die Möglichkeit, sich ganz frei hinzustellen, aber die sechste bzw. neunte, zwölfte usw. Person muß wieder irgendeinen physischen Kontakt zur Ursprungsperson herstellen. So geht es immer weiter, bis alle Gruppenmitglieder ein Bestandteil dieses Gruppenbildes geworden sind.

Soziometrische Fragen

(30 Minuten)

Ziele: Wenn Ihre Gruppe bereits ein gewisses Vertrauenspotential entwickelt hat und wenn die Teilnehmer aneinander interessiert sind, dann ist dies eine wirksame Übung. Positive Gefühle füreinander können geäußert werden und die innere Bindung aneinander verstärken. Negative Gefühle können ebenfalls geäußert und gemildert werden, weil sie ausgedrückt werden dürfen. Auf diese Weise kann die Gruppe mehr Zusammenhalt entwickeln.

Anleitung: Ich möchte Sie zu einer Übung einladen, die Ihnen helfen kann, noch mehr über die Funktionsweise von Gruppen zu lernen. Meist nehmen wir an, daß Gruppen zusammengehalten werden, weil sie einen Gruppenleiter haben. Das ist auch durchaus zutreffend. Aber wir haben es auch zunehmend mit Gruppen zu tun, die keine Führungskraft haben, wie z. B. selbstgemanagte Teams. Hier wird die Gruppe zunächst durch eine gemeinsame Aufgabe zusammengehalten, aber es gibt noch eine weitere Klammer für die Mitglieder einer Gruppe, das sind die emotionalen und geistigen Bindungen zwischen den Teilnehmern. Und diese Bindungen sind sehr, sehr unterschiedlich. Dies ist ein ganz wichtiger Punkt. Nur weil diese Bindungen unterschiedlich sind, ist eine Gruppe flexibel, kreativ und veränderungsfähig. Wenn in einer Gruppe jeder zu jedem dieselben Beziehungen hätte, dann wäre das nicht nur langweilig, sondern jeder würde sich irgendwie eingesperrt fühlen, und der Umstand, daß Sie sich hier relativ frei fühlen können, hängt damit zusammen, daß Sie sehr unterschiedliche Beziehungen zueinander haben. Natürlich müssen wir dafür einen Preis zahlen: Einige sind beliebter, einige finden mehr Vertrauen, einige bekommen mehr Respekt, einige werden mehr gefürchtet usw. Aber das Gute an einem solchen unregelmäßigen Muster ist, daß es uns beweglich macht. Das andere, was wir immer im Auge haben sollen, ist die Veränderlichkeit der Beziehungen: Gruppenmitglieder, die am Anfang populär sind, sind später entweder noch populärer oder sie sind

weniger populär. Einige, die am Anfang eher unscheinbar wirkten, gewinnen im Laufe der Zeit an Profil. Das hängt damit zusammen, daß sich die Werte, denen sich die Gruppenmitglieder verpflichtet fühlen, auch ändern können.
Das soll fürs erste genug an Theorie sein. Lassen Sie uns jetzt praktisch werden. Ich werde Ihnen immer eine Frage stellen und Sie antworten darauf, indem Sie eine Wahl treffen. Stellen Sie die Stühle zurück und fangen Sie an, im Raum herumzugehen.
Die erste Frage, die ich Ihnen stellen will, lautet: „Wer in dieser Gruppe ist in irgendeiner Weise Ihr Gegenpol?" Überlegen Sie einen Augenblick, und wenn Sie die Antwort gefunden haben, gehen Sie zu dieser Person hin und legen ihr eine Hand auf die Schulter. Es ist gut möglich, daß mehrere Gruppenmitglieder zu dieser Person gehen, so daß diese mehrere Hände auf den Schultern hat. Dabei kann es vorkommen, daß jemand gar nicht dazu kommt, selbst einem anderen die Hand auf die Schulter zu legen...
Jetzt nehmen Sie sich kurz Zeit, um sich umzuschauen und zu sehen, wer wo steht, und dann können Sie sich kurz austauschen. (2 Minuten)
Nun gehen Sie bitte wieder weiter herum und legen Sie der Person die Hand auf die Schulter, die Sie am wenigsten verstehen.

(Machen Sie in der angegebenen Struktur weiter und benutzen Sie passend einige der folgenden Vorschläge oder machen Sie eigene.

3. Runde: Bei wem würden Sie sich sehr genau überlegen, was Sie sagen?
4. Runde: Wem würden Sie Ihr Herz ausschütten?
5. Runde: Mit wem fühlen Sie sich innerlich verwandt?
6. Runde: Zu wem könnten Sie eine Rivalität entwickeln?
7. Runde: Mit wem sitzen Sie am Abend gern zusammen?)

Jetzt möchte ich Sie zu der letzten und besonders spannenden Runde einladen. Hier wollen wir untersuchen, wie viele Paare wir in der Gruppe haben, bei denen von beiden Seiten so etwas

wie ein instinktives Verständnis da ist, von beiden Seiten ein Gefühl der Verbundenheit. Gehen Sie wieder herum und legen Sie der Person die Hand auf die Schulter, bei der Sie selbst das Gefühl haben, und warten Sie dann ab, wie die Person darauf reagiert. Wenn sie ebenfalls das Gefühl der Verbundenheit hat, wird sie Ihnen auch die Hand auf die Schulter legen. Dieser Schritt ist vielleicht für manchen schwierig, weil wir glauben, daß wir uns für etwas Gutes, was uns entgegengebracht wird, revanchieren müssen. Antworten Sie nur dann positiv, wenn Sie wirklich dieses Gefühl auch vorher schon gehabt haben. Wenn die Anziehung nicht wechselseitig ist, dann sollen Sie sich wieder trennen. Wenn es noch ein zweites Gruppenmitglied gibt, dem Sie sich verbunden fühlen, können Sie denselben Test machen. Vermutlich wird es jetzt einige Gruppenmitglieder geben, die für sich bleiben, das ist auch in Ordnung.
(Warten Sie ab, bis klar ist, wo es solche Paare mit wechselseitiger Anziehung gibt.)
Nun schauen Sie sich bitte um und betrachten Sie das Muster, das sich nun ergeben hat. Wenn Sie wollen, können Sie einander kurz mitteilen, was Sie zusammengeführt hat. Anschließend wollen wir zum Kreis zurückkommen und diese verschiedenen Wahlen besprechen.
(Lassen Sie sich genügend Zeit für die Auswertung, damit die Wahlen gründlich besprochen werden können.)

Wahre und falsche Aussagen

(60 Minuten)

Ziele: Dieses Gruppenexperiment bietet Ihnen und den Teilnehmern eine faszinierende Möglichkeit, einander noch besser kennenzulernen, vor allem auch in einem frühen Stadium der Gruppe, wenn alle Beteiligten erst relativ wenig über das Leben der anderen wissen. Dieses Spiel bietet eine sehr schöne Möglichkeit, erste Eindrücke zu testen und die eigene Wahrnehmung und Intuition zu überprüfen. Gleichwohl erzielen Sie die besten Ergebnissen, wenn Sie „Wahre und falsche Aussagen" erst dann spielen, wenn die Gruppenmitglieder bereits eine gewisse Vertrautheit entwickelt haben.

Am interessantesten ist es, wenn Sie genügend Zeit haben und mehrere Runden spielen, dann werden Sie erleben, daß Sie zu Beginn eine leichte spielerische Atmosphäre haben, die mit der Zeit intimer und offener wird. Die Struktur bietet den Gruppenmitgliedern die Möglichkeit, wichtige Dinge mitzuteilen. Sie können über ihre berufliche Entwicklung sprechen, über deren Höhen und Tiefen, über ihre Ziele in der Organisation, über ihren familiären Hintergrund, über wichtige Veränderungen in ihrem Leben. Unabhängig davon, welches Ausmaß an Offenheit die Gruppe erreicht, haben alle die Chance, viel Neues übereinander zu lernen.

Anleitung: Ich möchte Sie zu einem Spiel einladen, bei dem wir uns alle besser kennenlernen können. Immer einer von uns kann der Gruppe zwei Sätze sagen, einen Satz, dessen Inhalt wahr ist, und einen Satz, dessen Inhalt falsch ist, z. B. so:

- „Ich habe zwei Brüder, einer ist älter als ich, einer ist jünger; alle drei arbeiten wir in Berufen, bei denen es in irgendeiner Weise um Lernen geht."
- „Ich habe eine Schwester, die zwei Jahre älter ist als ich. Diese Schwester ist eine hervorragende Mikrobiologin."

Versuchen Sie, diese beiden Sätze mit der gleichen Überzeugung auszusprechen, auch wenn nur einer von ihnen zutrifft und der andere erfunden ist. Die Gruppe versucht zu raten, welcher Satz wahr ist. Die beiden Sätze müssen übrigens nicht miteinander zusammenhängen. Wenn Sie raten, dann werden Sie natürlich alles benutzen, was Sie schon übereinander wissen, aber vor allem müssen Sie sich auf Ihre Intuition stützen, um die Unterscheidung zwischen wahr und falsch treffen zu können. Natürlich können Sie auch die nonverbalen Signale des Sprechers beachten. Manche Menschen verhalten sich unbewußt anders, wenn sie uns eine Lüge erzählen.

Machen Sie es den Gruppenmitgliedern nicht zu leicht und stellen Sie sich innerlich vor, daß auch der falsche Satz wahr ist, dann bieten Sie den anderen eine schöne Herausforderung, wirklich über die Dinge nachzudenken, die Sie gesagt haben.

Wenn beide Sätze ausgesprochen sind, dann haben die Gruppenmitglieder Gelegenheit, ihre Vermutungen zu äußern. Der Sprecher versucht, allen interessiert zuzuhören, ohne zu signalisieren, ob die Vermutungen ins Schwarze getroffen haben. Wenn jeder, der das wollte, sich geäußert hat, dann lüftet der Sprecher den Schleier des Geheimnisses und erzählt uns, welcher Satz die Wahrheit enthalten hat. Anschließend kommt ein anderer von uns an die Reihe.

Wer von Ihnen möchte beginnen?

Als jemand anders antworten

(30 – 60 Minuten)

Ziele: Dies ist eine faszinierende Technik, um in einer Gruppe die soziale Wahrnehmung zu erforschen und herauszufinden, wie differenziert die Teilnehmer einander kennen; um Offenheit und Konfrontation zu fördern und um Einfühlungsvermögen und Identifikation zu erleichtern.

Dieses Spiel ist außerordentlich nützlich für Gruppen, deren Teilnehmer einander schon sehr gut kennen und die daran interessiert sind, mehr Offenheit zu entwickeln. Besonders hilfreich ist die Übung, wenn in einer Gruppe die Kommunikation gestört ist und Konflikte ungelöst sind. Die Struktur erleichtert den schwierigen Prozeß, sich mehr zu öffnen, weil sie auch eine spielerische Atmosphäre erzeugt und Witz und Humor der Teilnehmer hervorlockt. Nach ein paar Runden wollen die Teilnehmer oft ihren Platz wechseln, um die Gelegenheit zu haben, für eine ganz bestimmte andere Person zu antworten, bzw. damit ein anderes Gruppenmitglied für sie antworten kann.

Anleitung: Ich möchte Sie zu einem Spiel einladen, bei dem wir uns alle noch besser kennenlernen werden. Das Spiel hat eine ganz besondere Struktur, die dafür sorgt, daß Mißverständnisse, Enttäuschungen und Unsicherheit langsam und behutsam abgebaut werden können, so daß am Ende jeder das Gefühl haben kann, daß er stärker in der Gruppe verwurzelt und in seiner Persönlichkeit respektiert ist.

Die Regeln für dieses Spiel sind einfach: Wir sitzen alle im Kreis zusammen und ein Gruppenmitglied setzt sich in der Mitte auf den Boden oder auf einen Stuhl. Die Person in der Mitte kann verschiedenen Gruppenmitgliedern eine spezielle Frage stellen. Aber die Besonderheit dieses Spiels besteht darin, daß jedes Gruppenmitglied, an das die Frage gerichtet ist, nicht selbst antwortet, sondern daß die Person, die rechts neben ihm sitzt, die Antwort gibt, indem sie versucht, das zu sagen, was die gefragte Person möglicherweise sagen oder denken würde. Ganz wichtig ist, daß das Gruppenmitglied in der Mitte der gefragten Person in die Augen schaut und nicht der Person, die spricht. Wer in die Mitte gegangen ist, kann entscheiden, ob er nur einer Person eine Frage vorlegen will oder ob er noch andere etwas fragen möchte. Maximal können drei Gruppenmitglieder befragt werden. Ehe die Person aus der Mitte wieder auf ihren Platz zurückkehrt, soll sie den immer gleichen rituellen Satz sagen: „Ich danke für alle Antworten, die ich bekommen habe." Anschließend kann ein anderes Gruppenmitglied in der Mitte Platz nehmen.

Wir werden sehen, wie lange dieses Spiel dauern soll. Auf jeden Fall soll es nach jeder Runde eine Diskussion geben. Wir können dann sagen, wie präzise die Antworten waren, wir können Dinge richtigstellen, wir können sagen, was uns überrascht hat, was uns gefallen hat. Wir können auch mitteilen, wie wir uns fühlen, wenn wir offener miteinander umgehen.

Die Gruppe als Baum

(90 Minuten)

Ziele: Wir benutzen hier eine Übung aus der Kunsttherapie. Die Teilnehmer malen die Gruppe als Baum und identifizieren jedes Gruppenmitglied als Teil dieses Baumes. Auf diese Weise können sie die Beziehungen zueinander überprüfen und den aktuellen Zustand der Gruppe beschreiben. Besonders für verbal weniger geübte Gruppenmitglieder ist dies eine gute Möglichkeit, sich einzubringen. Voraussetzung ist, daß sich die Teilnehmer bereits gut kennen.

Material: Papier und Bleistift; schöner ist es, wenn jeder eine Schachtel mit Ölkreiden und einen Bogen Flipchart-Papier zur Verfügung hat.

Anleitung: Ich möchte Sie zu einer Übung einladen, bei der Sie sich noch besser kennenlernen können. Jeder von Ihnen soll einen Baum zeichnen, der die ganze Gruppe symbolisiert. Sie können ein wenig darüber nachdenken, welche Art Baum den gegenwärtigen Zustand der Gruppe am besten zum Ausdruck bringt. Sie können auch entscheiden, in welcher Jahreszeit Sie den Baum darstellen wollen. Wichtig ist, daß jedes einzelne Gruppenmitglied, natürlich auch Sie selbst, ein Teil dieses Baumes ist, entweder eine der Wurzeln, ein Teil des Stammes, ein Ast oder ein Zweig, Blüte oder Frucht, Vogelnest oder Vogel. Schreiben Sie jeden Namen an die Stelle des Baumes, die Sie für das betreffende Gruppenmitglied gewählt haben. Lassen Sie sich eine Viertelstunde Zeit, um die Gruppe als Baum darzustellen.
(Anschließend stellt jeweils ein Gruppenmitglied sein Bild vor und erläutert es. Danach können die anderen Gruppenmitglieder Fragen stellen und Reaktionen mitteilen.

Führen Sie am Ende eine kurze Auswertungsdiskussion durch:
- Was hat mich überrascht?
- Was habe ich erwartet?

- Wurde ich häufiger in derselben Rolle gesehen? Wie erkläre ich mir das?
- Sahen mich die anderen Gruppenmitglieder so, wie ich mich selbst sehe?
- Wie funktioniert die Gruppe zur Zeit als „Einheit"?
- In welchem Zustand ist die Gruppe zur Zeit?
- Wie fühle ich mich im Augenblick in dieser Gruppe?)

Dankbarkeit

(20 – 30 Minuten)

Ziele: Dies ist ein ganz einfaches Gruppenritual, das die Teilnehmer ermutigt, ihre positiven Empfindungen füreinander auszudrücken. Auf diese Weise wird etwas Wichtiges für die Gruppenkohäsion erreicht. Wer immer sich freundlich und hilfsbereit verhalten hat, bekommt dafür Anerkennung, aber auch andere Verhaltensweisen, wie konstruktive Konfrontation oder realistisches Feedback, können gewürdigt werden.
Bei diesem Ritual sitzt die Gruppe im Kreis zusammen.

Anleitung: Ich möchte Sie zu einem kleinen Ritual einladen, damit die guten Dinge, die in der Gruppe geschehen, nicht unbeachtet bleiben.
Denken Sie an ein oder zwei Gruppenmitglieder, die dazu beigetragen haben, daß Sie sich in der Gruppe gut fühlen. Was haben die Betreffenden gemacht, daß Sie sich gut fühlen konnten? Worüber haben Sie sich gefreut? Wofür sind Sie dankbar? Was gefiel Ihnen besonders am Verhalten dieser Gruppenmitglieder? Denken Sie eine bis zwei Minuten darüber nach...
Jetzt möchte ich, daß immer einer von Ihnen zu den Gruppenmitgliedern geht, die ihm eingefallen sind, und ihnen sagt, worüber er sich gefreut hat und wofür er dankbar ist. Wir anderen werden einfach zuhören und uns vielleicht mit freuen, wenn Wertschätzung und Anerkennung in dieser Runde ausgedrückt werden können.

Gruppensymbole

(60 – 90 Minuten)

Ziele: Dieses Spiel gibt jedem Gruppenmitglied Gelegenheit, seine innere Einstellung zu den anderen Teilnehmern zum Ausdruck zu bringen. Gleichzeitig kann ausgedrückt werden, wie nah oder wie fern sich jeder zu den anderen fühlt und welche Bedeutung er sich und den anderen gibt.
Die Gruppe sollte nicht mehr als zwölf Teilnehmer haben.

Material: Papier und Bleistift.

Anleitung: Ich möchte Sie zu einem Spiel einladen, bei dem Sie sich besser kennenlernen können. Schließen Sie die Augen und denken Sie an die ganze Gruppe. Versuchen Sie, nacheinander jedes Gruppenmitglied zu sehen, und bemerken Sie dabei Ihre Empfindungen. Dann lassen Sie sich für jedes Gruppenmitglied und auch für sich selbst ein anderes Symbol einfallen, das zu dem Betreffenden paßt. Sie können bekannte Symbole benutzen, wie Sonne, Mond und Sterne, Tiere, Pflanzen, Figuren aus der Geschichte oder aus der Literatur, oder irgendein anderes Symbol, was Ihnen einfällt... (1 – 2 Minuten)
Nun können Sie die Augen wieder öffnen. Beginnen Sie bitte gleich mit dem Symbol, das Ihnen zu sich selbst eingefallen ist. Zeichnen Sie es auf das Papier. Dann können Sie beginnen, die anderen Symbole auch aufzuzeichnen. Zeichnen Sie diese an eine Stelle, die zu der Beziehung paßt, die Sie zu der betreffenden Person haben. Geben Sie jedem Symbol die passende Größe und den Abstand, der Ihnen angemessen scheint. Wenn Sie das getan haben, dann schreiben Sie zu jedem Symbol einen Satz auf, etwa nach folgendem Muster: „Ich habe Georg als Glocke dargestellt, weil er uns immer wieder zum Thema zurückführt, wenn wir in unserer Diskussion abschweifen."
Lassen Sie sich zehn Minuten Zeit dafür.

Wie zum ersten Mal

(20 – 30 Minuten)

Ziele: Dies ist eine sehr schöne Übung aus der Tradition der Gestalttherapie. Sie hilft den Teilnehmern, einander wirklich bewußt wahrzunehmen und besser nonverbal zu kommunizieren. Auf diese Weise stehen mehr Informationen zur Verfügung, die vor allem über die energetische und affektive Situation jedes einzelnen Aufschluß geben: „Wenn ich mehr von dir weiß, kann ich dir näher sein."

Anleitung: Ich möchte Sie zu einer Übung einladen, bei der Sie versuchen können, Ihre Augen ganz aufmerksam zu benutzen. Sehen ist nämlich kein automatischer Vorgang, sondern eine selektive Aktivität. Meist sehen wir die Dinge, die uns interessieren, die wir erwarten, die zu unseren Vorurteilen passen. Dinge, die unseren seelischen Komfort stören könnten, blenden wir leicht aus.

Wenn wir mit anderen in der Gruppe zusammenarbeiten, dann gibt es für den Kontakt hauptsächlich zwei Sinneskanäle, die wir benutzen. Wir hören, was die anderen sagen, und wir sehen die Signale ihrer Körpersprache, ihrer Gesten, ihrer Mimik. Diese Körpersprache stellt uns einen Schatz an Hinweisen zur Verfügung, die wir jedoch nur zum Teil auswerten. Vieles übersehen wir, weil es nicht zu dem gewohnten Bild paßt, das wir von den anderen haben. Wenn wir genauer hinsehen würden, könnten wir entdecken, daß jeder andere genauso komplex ist wie wir selbst, und genauso verletzlich.

Stellen Sie bitte die Stühle zur Seite und beginnen Sie, im Raum herumzugehen. Stellen Sie sich vor, daß Sie alle diese Menschen hier vorher noch nie gesehen haben, und daß Sie sie ganz frisch ansehen, als ob Sie ihnen zum erstenmal begegnen. Und es ist völlig in Ordnung, daß Sie dabei verschiedene Perspektiven benutzen. Sie können andere frontal anschauen, von hinten oder von der einen oder anderen Seite. Bemerken Sie, wie Sie Ihre Blicke dirigieren und worauf Sie Ihre Aufmerksamkeit richten:

Vielleicht interessiert Sie bei dem einen Gruppenmitglied die Art, wie der Betreffende geht; vielleicht interessiert Sie bei einem anderen die Art, wie der Betreffende Arme und Hände hält; vielleicht entdecken Sie, wie jemand den Kopf mit hochgezogenen Schultern schützt; vielleicht fällt Ihnen auf, wie jemand die Lippen zusammenpreßt; oder Sie bemerken plötzlich, daß ein Gruppenmitglied blaue Augen hat.
Gehen Sie einfach mit dieser zusätzlichen Aufmerksamkeit und Wachheit herum und sehen Sie ganz absichtlich Dinge, die Sie vorher nicht gesehen haben – auffällige Dinge, aber auch unauffällige Details. Achten Sie auf alles, was Sie gewöhnlich nicht bemerken oder ausblenden. Versuchen Sie, möglichst viel zu entdecken, was Sie vorher nicht bemerkt haben.
Aber bei dieser Übung kann es auch vorkommen, daß wir uns anders verhalten als üblich. Dann können Sie feststellen, daß Sie gewisse Dinge, die Sie in normalen Situationen bei anderen bemerken, nicht mehr sehen können, weil der Betreffende jetzt andere Signale aussendet...
Von Zeit zu Zeit können Sie auch überprüfen, wie Sie selbst sich fühlen, wenn Sie so indiskret schauen, wie es vielleicht ein Kameramann tut, der den Schauspielern sehr nahe kommt. Haben Sie das Empfinden, daß Sie so aufmerksam schauen dürfen? Entspricht das Ihrer Neugier oder stören Sie die zusätzlichen Informationen, die Sie auf diese Weise bekommen? Haben Sie den Eindruck, daß Sie verstehen, was Sie sehen?...
Vielleicht bemerken Sie auch, daß Sie einzelnen auf diese Weise näherkommen, daß Sie jetzt Dinge, die Sie vorher vielleicht mehr geahnt haben, jetzt klarer sehen. Aber es kann auch vorkommen, daß Sie bei dem einen oder anderen mehr Abstand empfinden als in alltäglichen Situationen. Können Sie sich das erklären?...
Und wenn Sie weiter herumgehen, können Sie versuchen, zwei Gruppen von Hinweisen besondere Aufmerksamkeit zu schenken. Versuchen Sie herauszufinden, wieviel Energie jedes Gruppenmitglied, das Ihnen begegnet, im Augenblick ausstrahlt, und versuchen Sie, ein Empfinden dafür zu bekommen, an welcher

Stelle des Körpers sich die Verletzlichkeit eines anderen symbolisch ausdrückt. Gerade diese beiden Dinge sind im Alltag von großer Bedeutung. Wir müssen wissen, wie stark sich jemand gerade fühlt, wenn wir mit ihm zu tun haben, und wir müssen die spezifischen Empfindlichkeiten beachten, damit sich andere von uns nicht bedroht oder verunsichert fühlen.
Ich werde jetzt ein paar Minuten schweigen, damit Sie selbst Dinge erforschen können, für die Sie sich interessieren. Merken Sie sich alles gut, damit wir anschließend darüber sprechen können. (2 – 3 Minuten)

Ich bin wie du – ich bin anders als du

(20 Minuten)

Ziele: Hier versuchen wir, Teilnehmer in Kontakt zu bringen, die bisher wenig miteinander zu tun hatten und die sich dadurch eher fremd geblieben sind. Dies ist eine sanfte Strategie, um die Beziehungen zwischen Gruppenmitgliedern zu intensivieren, indem einfach Ähnlichkeiten und Unterschiede aufgezeigt werden.

Anleitung: Jeder von uns ist ein Unikat. Niemand in dieser Gruppe ist genauso wie ich oder wie irgendein anderer. Jeder von uns weiß das. Das ist ein Teil der Einsamkeit, mit der wir durchs Leben gehen müssen. Aber Sie werden auch beobachtet haben, daß wir als Unikate uns von anderen anziehen lassen, daß unsere Neugier die Brücke zu anderen schlägt. Meist ist unsere Neugier in einer Gruppe nicht gleichmäßig verteilt. Es gibt einige, auf die wir einfach neugieriger sind. Manchmal zieht uns der Umstand an, daß wir eine verwandte Seele entdeckt zu haben glauben, manchmal sind wir von einem Kontrast fasziniert. Wir suchen selektiv die Nähe anderer Menschen. So bleiben manche Kontakte schwächer als andere.

Vielleicht kennen Sie Personen, die ein großes Talent entwickelt haben, mit den unterschiedlichsten Charakteren gut zurechtzukommen. Ich wünsche uns allen, daß wir diese Offenheit auch in uns kultivieren können. In diesem Sinne ist das Experiment gedacht, zu dem ich Sie jetzt einladen werde.

Kommen Sie bitte immer zu zweit zusammen und suchen Sie sich ein Gruppenmitglied aus, das Sie noch nicht so gut kennen, zu dem der Kontakt, aus welchen Gründen auch immer, bisher eher schwach geblieben ist... Setzen Sie sich zusammen und halten Sie Blickkontakt. Entscheiden Sie, wer von Ihnen A und wer B sein soll...

A soll gleich anfangen und zwei Minuten sprechen, während B nur zuhört. Jeder Satz beginnt mit den immer gleichen Worten: „Ich bin wie Sie..." Dann könnten Sie z. B. Sätze sagen: „Ich bin

wie Sie – wir sind beide ziemlich tüchtig..." „Ich bin wie Sie, wir können uns beide über kleine Dinge aufregen..." usw. Während A spricht, soll B einfach zuhören. (2 Minuten)
Nun wechseln Sie bitte die Rollen, so daß B jetzt A erzählt, wo er die Ähnlichkeiten sieht. B beginnt seine Sätze wiederum mit denselben Worten wie A... (2 Minuten)

Jetzt werden wir auf die Unterschiede zu sprechen kommen. A ist wieder an der Reihe und beginnt seine Sätze diesmal mit den Worten: „Ich bin anders als Sie..."
Er sagt z. B: „Ich bin anders als Sie, weil ich schon in mehreren Organisationen gearbeitet habe..." „Ich bin anders als Sie, weil ich bei neuen Kontakten zunächst immer etwas reserviert bin..."
Sie haben zwei Minuten Zeit, dem Kollegen von Unterschieden zu erzählen, die Sie festgestellt haben... (2 Minuten)
Und nun wechseln Sie noch einmal die Rollen. Diesmal kommt B an die Reihe, um von den Unterschieden zu sprechen, die es seiner Meinung nach zwischen Ihnen gibt. (2 Minuten)

Nehmen Sie sich jetzt zehn Minuten Zeit, um einander Rückmeldung zu geben und über die Dinge zu sprechen, die Sie sich gesagt haben. An welchen Punkten sind Sie derselben Meinung wie der Partner? Worüber möchten Sie mehr Informationen haben? Wie fanden Sie dieses kleine Experiment mit dem Partner?
(Lassen Sie die Paare anschließend im Plenum kurz berichten, was Ihre wichtigsten Erfahrungen in diesem Experiment waren.)

Eine verborgene Persönlichkeit

(30 Minuten)

Ziele: In einer lebendigen Gruppe können wir beobachten, daß wir von jedem Teilnehmer immer neue Aspekte seiner Persönlichkeit entdecken. Dazu tragen natürlich die unterschiedlichen Experimente bei, mit denen wir als Gruppenleiter die Teilnehmer animieren, mehr von sich zu zeigen als die „präsentable Persona", die sie im Alltag zu erkennen geben.
Dies ist ein Experiment, das den Vorgang zunehmender Offenheit begünstigt, und je nach den Erlebnissituationen der Teilnehmer kann es Heiterkeit, aber auch Nachdenklichkeit auslösen. Dabei können Aspekte unserer Persönlichkeit deutlich werden, auf die wir stolz sind oder für die wir uns schämen, Dinge, die wir bisher nicht zeigen mochten oder konnten.

Anleitung: In früheren Zeiten waren die Organisationen daran interessiert, daß ihre Mitarbeiter vor allem berechenbar waren. Sie sollten Leistungen bringen, die klar definiert waren. Heute hat ein gewisses Umdenken eingesetzt. Wir wünschen uns kreative Mitarbeiter, und infolge des schnellen Wandels im Wirtschaftsleben können wir gar nicht mehr klar definieren, wie sich jemand verhalten soll. Wir sind viel eher bereit, eine gewisse Freiheit einzuräumen, auf welchem Wege die Mitarbeiter Unternehmensziele verwirklichen.
Wenn wir an kreativen Mitarbeitern interessiert sind, dann müssen wir jedoch bereit und in der Lage sein, das persönliche Potential jedes einzelnen zu wecken. Und zu dem persönlichen Potential gehört natürlich alles, was in jemandem steckt, vor allem auch seine Schattenseiten oder seine irrationalen Anteile, also all das, von dem wir oft meinen, daß es nicht in die ernste Welt des Berufes gehört. Die kreative Seite unserer eigenen Person nutzbar zu machen, ist ein delikates Unterfangen. Es ist ganz natürlich, daß wir eine gewisse Scheu dabei haben. Wir fühlen uns oft sicherer, wenn wir Kollegen und Vorgesetzten unsere Standardpersönlichkeit präsentieren. Darum möchte ich

Sie jetzt zu einem Experiment einladen, bei dem jeder von uns die verborgene Persönlichkeit vorstellen kann, die den anderen Gruppenmitgliedern noch nicht bekannt oder vertraut ist. Schieben Sie die Stühle zurück und stellen Sie sich in einem engen Kreis auf. Gönnen Sie sich ein paar Minuten Schweigen, damit Sie über einen Teil Ihres Selbst nachdenken können, über einen Aspekt Ihrer Persönlichkeit, der bisher in der Gruppe nicht deutlich wurde. Denken Sie über einen Aspekt Ihres Charakters nach, den Sie nicht so leicht im Berufsleben ausdrücken, vielleicht ein Aspekt, von dem Sie meinen, daß er für andere Leute unter Umständen unbequem, überraschend oder nicht akzeptabel ist. Vielleicht können Sie sich auch einen Namen einfallen lassen für diesen Teil Ihrer Person, der für Fremde meist verborgen bleibt. (1 – 2 Minuten)
Jetzt soll sich einer nach dem anderen in die Mitte stellen und seine verborgene Persönlichkeit vorstellen, indem er z. B. sagt: „Ich bin Hartmut und stamme aus einem alten Adelsgeschlecht. Ich kann sehr snobistisch sein und lege großen Wert auf gute Manieren und Stil..." oder: „Ich bin Egon. Ich bin leicht zu enttäuschen und fühle mich oft ganz unsicher..." „Ich bin Maria. Ich bin sehr poetisch und bleibe abends lange auf und verfasse Gedichte und Kurzgeschichten..."
(Anschließend kurze Auswertung. Dabei ist die Frage interessant, wie der Betreffende einzelne Charakteristika seiner verborgenen Persönlichkeit als Ressource im Berufsleben benutzen kann.)

Die Auster

(30 Minuten)

Ziele: Dies ist ein symbolisches Experiment, bei dem der Körper einbezogen wird. Wiederum kommen Gruppenmitglieder in Kontakt, die sich noch nicht so gut kennen. Insofern ist das Experiment ein Beitrag zur weiteren Integration der Gruppe. Übergreifend geht es dabei um Fragen der Offenheit: Auf welche Weise schaffe ich es, andere zu animieren, sich zu öffnen? Unter welchen Umständen bin ich selbst bereit, mich zu öffnen?

Anleitung: Jeder von uns hat im Berufsleben auch mit schwierigen Menschen zu tun. Eine klassische Schwierigkeit bieten jene Kollegen, die vielleicht besonders empfindlich oder verletzlich sind und die daher nicht so leicht bereit sind, sich zu öffnen, Anregungen oder Kritik aufzunehmen, zu experimentieren und Risiken einzugehen. Durch sie können wir auf eine harte Probe gestellt werden bei dem Versuch, ihnen ein Gefühl der Sicherheit zu geben und es ihnen leichter zu machen, aus ihrer Reserve herauszukommen.
Darum möchte ich Ihnen jetzt Gelegenheit geben, mit diesen Schwierigkeiten und auch mit Möglichkeiten der Offenheit zu experimentieren. Kommen Sie bitte immer zu dritt zusammen und wählen Sie Gruppenmitglieder aus, die Ihnen am wenigsten vertraut sind bzw. mit denen Sie bisher den wenigsten Kontakt hatten. Verteilen Sie sich im Raum, so daß jedes Trio genügend Platz für sich hat. Jetzt möchte ich, daß einer von Ihnen als erster die Rolle des Verschlossenen übernimmt. Verschließen Sie sich körperlich wie eine Auster. Sie können das im Stehen tun, sie können das im Sitzen tun oder Sie können sich auf den Boden legen. Sie müssen nicht dabei sprechen, aber es ist gut, wenn Sie sich auch stimmungsmäßig mit der Rolle der Auster identifizieren. Denken Sie all das, was man denkt, wenn man mit anderen nichts zu tun haben möchte, wenn man Abstand halten möchte, wenn man vorsichtig und defensiv ist. Die Aufgabe der beiden Kollegen ist es, die Auster ohne Worte zur Öffnung

zu motivieren. Was werden Sie machen können? Wie fühlen Sie sich angesichts dieser Aufgabe und wie können Sie vorgehen? Bemerken Sie, wie Ihr Kollege in der Rolle der Auster auf Ihr Verhalten reagiert. Auf einige Dinge wird er vielleicht mit noch größerer Verschlossenheit reagieren, und bei anderen Dingen können Sie vielleicht sehen oder spüren, daß seine Anspannung nachläßt. Bitte beachten Sie, daß niemand bei diesem Experiment sprechen soll. Sie können sich hinterher austauschen, wenn es Ihnen gelungen ist, die Auster zu öffnen. Dann machen Sie eine kurze Pause und geben der Auster Gelegenheit, sich etwas zu bewegen und sich auszuschütteln. Jetzt kann der nächste aus Ihrem Trio in diese Rolle schlüpfen, und Sie können in einer neuen Konstellation üben, die Auster zu öffnen. Wenn auch das dritte Triomitglied in der Rolle der Auster gewesen ist, können Sie miteinander sprechen und das Experiment auswerten.

Stoffpuppe

(10 – 15 Minuten)

Ziele: Dies ist eine sehr schöne Vertrauensübung, die zu zweit durchgeführt wird. Diese Übung sollte nur in Gruppen benutzt werden, die bereits ein gewisses Vertrauen entwickelt haben, und mit Teilnehmern, die sich von der physischen Nähe dieser Übung nicht bedroht fühlen. Außerdem ist es wichtig, daß die Teilnehmer in der Lage sind, andere behutsam und liebevoll zu berühren. Unter diesen Umständen ist dies ein Experiment, das Vertrauen steigert und darüber hinaus für eine sehr angenehme Entspannung sorgt. Bei der Auswertung können wichtige Aspekte besprochen werden, wie Vertrauen entsteht und gefördert wird.

Anleitung: Ich möchte Sie gleich zu einem Vertrauensexperiment einladen, aber vorher können wir einen Augenblick über die Frage des Vertrauens zwischen Menschen nachdenken. Denken Sie zurück an Ihre eigenen Erfahrungen mit Vertrauen. Ob wir Vertrauen in die Welt entwickeln und die Welt prinzipiell für gut oder böse halten, das entscheiden wir verhältnismäßig früh im Leben. Kleine Kinder sind besonders abhängig davon, daß ihnen die Erwachsenen, die für sie sorgen, liebevoll und verläßlich begegnen. Wenn das Kind größer wird, braucht es noch andere Qualitäten der Erwachsenen, um weiterhin vertrauen zu können, nämlich zwei Dinge: Vernünftige Grenzen, die ihm gesetzt werden, und innerhalb dieser Grenzen die Erlaubnis, zu experimentieren und Fehler zu machen. Als Jugendlicher brauchen wir noch eine weitere Qualität, um den Erwachsenen weiterhin zu vertrauen, nämlich so etwas wie Respekt für unsere persönliche Eigenart und das Zutrauen, daß wir es im Leben später auch ohne den Schutz der Eltern schaffen werden.

Wenn Sie an die Erfahrungen in Ihrer Organisation zurückdenken, dann spielen die genannten Dinge sicher auch eine Rolle. Hier kommt noch ein weiterer Faktor hinzu (der natürlich auch in der Familie eine gewisse Rolle spielt): Um vertrauen zu kön-

nen, müssen wir sicher sein, daß wir nicht belogen werden bzw. daß es nicht allzu viele Geheimnisse gibt.
Das Vertrauen der Mitarbeiter ist ein wichtiges Kapital jedes Unternehmens, und wir wissen, daß tüchtige Mitarbeiter eine Firma wechseln, wenn sie nicht genug Vertrauen haben bzw. wenn ihr Vertrauen dramatisch enttäuscht wurde. Und wer immer eine Führungskraft ist oder werden möchte, weiß, daß er Loyalität nur dann erwarten kann, wenn andere ihm ihr Vertrauen schenken. Vertrauen können wir nicht anordnen, Vertrauen müssen wir uns manchmal mühsam und langfristig erwerben. Wir wissen, daß dies ein sehr empfindliches Gut ist, das wir uns nicht durch Tricks oder Technik verschaffen können. Wir erleben immer wieder Situationen, in denen wir improvisieren müssen, um Vertrauen zu entwickeln. In eine solche Situation möchte ich Sie jetzt bringen.
Kommen Sie immer zu zweit zusammen und wählen Sie ein Gruppenmitglied aus, das Ihnen schon einigermaßen vertraut ist. Ich möchte, daß einer von Ihnen sich jetzt auf den Boden legt, die Augen schließt und seinen Körper entspannt. Der Partner setzt sich an die Seite und fängt nachher an, einzelne Körperteile des liegenden Partners sanft anzuheben und dann wieder auf den Boden zurückzulegen, am Anfang die Hände, dann die Arme, die Füße und Beine. Wichtig ist, daß der liegende Partner dabei nicht hilft. Er soll sich vorstellen, daß er sich gar nicht bewegen kann, daß er so schlaff daliegt wie eine Stoffpuppe. Der liegende Partner versucht, alle Kontrolle und Verantwortlichkeit aufzugeben, und im Laufe der Zeit kann er sich mehr und mehr entspannen. Wenn der aktive Partner bemerkt, daß genug Vertrauen da ist, kann er auch den Kopf der „Stoffpuppe" sanft anheben. Und wenn er es für passend hält, kann er sogar die Körperposition der „Stoffpuppe" ändern, indem er sie z. B. aufrecht hinsetzt und sie dabei sorgsam hält oder indem er sie über den Boden rollt. Ich möchte, daß der aktive Partner vor allem die Entwicklung des Vertrauens im Auge hat. Je mehr der Partner die Kontrolle über seinen Körper aufgeben kann, desto mehr Vertrauen haben Sie entwickelt. Passen Sie Ihr Tempo den Möglichkeiten des lie-

genden Partners an. Nach fünf Minuten werde ich Ihnen ein Signal geben, und dann können Sie die Rolle wechseln. (5 Minuten) Lassen Sie die Stoffpuppe noch einen Moment am Boden liegen und die Entspannung genießen, die erreicht wurde... Nun kann die Stoffpuppe die Kontrolle über den eigenen Körper wieder übernehmen und sich aufrichten. Stellen Sie sich hin und schütteln Sie sich aus, während der vorher aktive Partner sich jetzt auf den Boden legt wie eine weiche, schlaffe Stoffpuppe... In dieser zweiten Runde haben Sie ebenfalls fünf Minuten Zeit, um gemeinsam herauszufinden, wie es ist, wenn wir die Kontrolle aufgeben und uns eine Weile in die Hände eines anderen begeben.

Helden und Heroinen

(45 – 60 Minuten)

Ziele: Dies ist ein Ritual, das besonders für eine Abendsitzung geeignet ist. Es fördert gegenseitiges Vertrauen und Gruppenkohäsion. Indem jeder Teilnehmer über einen Helden oder eine Heroine spricht, hat er die Möglichkeit, über zentrale Werte und über einen Kernpunkt der eigenen Identität zu sprechen.
Besonders interessant ist das Ritual, wenn in der Gruppe Männer und Frauen sind. Die unterschiedlichen männlichen und weiblichen Rollenmodelle geben beiden Geschlechtern die Chance, sich besser zu verstehen und mehr Respekt füreinander zu entwickeln.

Material: Zwei Kerzen, eine blaue und eine rote, und ein symbolisches Objekt, z. B. ein schöner Briefbeschwerer, eine polierte Steinkugel oder etwas Ähnliches.

Anleitung: Ich möchte Sie zu einer besonderen Gruppensitzung einladen, die die Form eines Rituals hat. Sie wissen ja, daß wir oft Experimente und Spiele benutzen, die wir anschließend auswerten. Immer wieder verwenden wir das Medium der Diskussion, indem wir Fragen stellen, Analysen vornehmen, Rat geben, bewerten und argumentieren. Wir versuchen, uns gegenseitig zu beeinflussen und irgendwie den Dingen auf den Grund zu gehen. Das ist ja auch ganz in Ordnung, aber es ist nicht genug. Manchmal brauchen wir eine andere Atmosphäre, in der wir etwas Besonderes erleben können, in der wir uns etwas feierlicher fühlen, etwas respektvoller, etwas nachdenklicher, etwas gleichberechtigter, vielleicht auch etwas persönlicher, weil wir mehr „aus dem Bauch heraus" sprechen. Darum werden wir in dieser Sitzung einmal keine Kommentare geben, keine Auswertung vornehmen, keine Fragen stellen. Jeder hat Gelegenheit, einfach zu erzählen, und zwar etwas sehr Persönliches. Wir können uns davon erzählen, wer unsere Helden und unsere Heroinen sind. Wir werden dabei diese Kugel herumgeben, und wer immer die

Kugel in der Hand hält, hat das Recht, der Gruppe von einem Helden oder einer Heroine zu erzählen, die für den Betreffenden eine besondere Bedeutung hat. Wahrscheinlich haben manche von uns mehrere solcher vorbildlichen Figuren. Daher ist es am besten, wenn Sie über die Figur sprechen, die Ihnen zuerst einfällt. Eine Figur, die für Sie persönlich ein positives Konzept männlicher oder weiblicher Stärke ist. Und ich möchte, daß die Männer von einem Ihrer männlichen Helden sprechen und die Frauen von einer Heroine. Erzählen Sie uns, was Ihnen einfällt. Vielleicht ist es interessant, uns mitzuteilen, bei welcher Gelegenheit Sie auf dieses Vorbild gestoßen sind, was Sie daran fasziniert, was diese Figur getan, gedacht und gefühlt hat und welche Inspiration für Sie von dieser Figur ausgeht.
Sie können selbst entscheiden, wieviel Sie uns erzählen wollen, und wenn Sie fertig sind, geben Sie diese Kugel einfach Ihrem rechten Nachbarn weiter.
Ich werde gleich zwei Kerzen anzünden, eine Kerze zu Ehren der männlichen Helden und eine Kerze zu Ehren der Heroinen. Diese Kerzen sind ein Symbol dafür, daß wir solche vorbildlichen Figuren brauchen, um besser zu sehen, worauf es uns im Leben ankommt. Oft sind sie eine Möglichkeit, eine gewisse Erleuchtung zu erlangen. Solche Vorbilder können unser Herz erwärmen und dazu beitragen, daß wir auch eine hohe Meinung von uns selbst entwickeln. Indem wir unsere Helden und Heroinen achten, steigern wir gleichzeitig unsere Selbstachtung.
Und nun möchte ich diese Kugel meinem rechten Nachbarn geben, und wir alle werden einfach zuhören, was er zu sagen hat, ohne zu fragen, ohne zu unterbrechen. Wir werden etwas mehr von diesem Gruppenmitglied erfahren und den Betreffenden besser verstehen. Gleichzeitig können wir uns anregen lassen, auf alle die Stimmen zu hören, die sich bei diesem besonderen Ritual bei uns melden. Und wenn der Sprecher fertig ist, gibt er die Kugel einfach an seinen rechten Nachbarn weiter. Wenn jemand die Kugel bekommt, der aus irgendwelchen Gründen nichts sagen möchte, dann hat er das Recht, die Kugel wortlos weiterzugeben. – Und nun lassen Sie uns beginnen.

Schlußphase und Transfer

81

Was ich mitnehme

(20 – 30 Minuten)

Ziele: Dieses Abschiedsritual kombiniert spielerische körperliche Aktivität mit wichtigen persönlichen Mitteilungen. Noch einmal wird die Verbundenheit der Gruppe symbolisch gezeigt und zugleich wird ein Schritt in die Zukunft gemacht, wenn jeder formuliert, was er aus der Gruppe mitnimmt.

Anleitung: Ich möchte Sie gleich zu einem Abschiedsritual einladen. Abschied nehmen ist für viele eine schwierige Aufgabe, weil wir daran erinnert werden, daß alles vergänglich ist. Diese Gruppe wird sich in kurzer Zeit auflösen, und sie wird nie wieder in dieser Form existieren. Wir alle müssen uns von den Menschen verabschieden und von den Möglichkeiten, gemeinsam zu lernen und zu experimentieren. Wir stehen unmittelbar vor dem Ende dieser Gruppe. Das ist die schlechte Nachricht. Aber jede schlechte Nachricht hat auch eine gute Seite. Abschied nehmen heißt, daß nun etwas Neues beginnt. Jeder geht hoffentlich bereichert aus dieser Gruppe in den Alltag zurück, und irgend etwas nimmt jeder mit. Ich denke dabei vor allem an all jene Erlebnisse, bei denen Sie gefühlt haben, daß Sie lebendig sind, daß Sie experimentieren können, daß Sie sich anderen nahe fühlen konnten, daß Sie Spaß gehabt haben bei der Kooperation, daß Sie Neues ausprobieren konnten. Aus solchen kleinen Dingen kommen die wichtigen Veränderungen, die uns helfen, uns auf die Zukunft einzustellen.

Stellen Sie bitte die Stühle zurück, bilden Sie einen großen Kreis und legen Sie Ihre Arme um die Hüften Ihrer Nachbarn...

Nun will ich Ihnen erklären, wie unser Abschiedsritual funktioniert. Wir werden gleich anfangen, kleine Schritte zu machen und nach links im Kreis herumzugehen, bis irgend jemand „Stop!" sagt. Dann bleiben wir stehen und hören zu, was uns dieses Gruppenmitglied zu sagen hat. Der Betreffende wird uns erzählen, was er Gutes aus der Gruppe mitnimmt. Vielleicht hat er etwas Gutes über sich selbst entdeckt, vielleicht hat der

Betreffende die Beziehungen zu den anderen Gruppenmitgliedern genossen, vielleicht nimmt er eine Anregung mit, was er in Zukunft anders machen möchte. Die einzige Bitte, die ich habe: Sprechen Sie über die positiven Dinge, die Sie mitnehmen.
Wenn der Betreffende fertig gesprochen hat, sagt er: „Weiter!"
Dann gehen wir mit kleinen Schritten in die andere Richtung im Kreis herum, bis wieder ein anderer „Stop!" sagt und uns erzählt, was er mitnimmt.
(Wenn Sie den Eindruck haben, daß alle Gruppenmitglieder, die das wollten, gesprochen haben, dann sagen Sie einfach: „Stop!" und fragen:)
Sind wir jetzt fertig? Wenn irgend jemand im Kreis noch etwas mitzuteilen hat, dann soll der Betreffende einfach sagen: „Nein – weiter!" Dann gehen wir wieder im Kreis herum, und der Betreffende kann „Stop!" sagen und uns mitteilen, was er von hier mitnimmt. Und dann gehen wir weiter. Ich werde meine Frage dann wiederholen, und wenn sich niemand meldet, wissen wir, daß die Gruppe beendet ist. Wir werden uns dann alle in der Mitte des Kreises versammeln und uns mit einem gewaltigen Applaus voneinander verabschieden.

Abschiedsgraffiti

(30 – 45 Minuten)

Ziele: Manchmal kommen Gruppen zusammen, deren Teilnehmer sich wechselseitig besonders schätzen, die sich bereichert fühlen durch die Persönlichkeit und das Charisma der anderen. Für eine solche Gruppe ist dies eine schöne Schlußübung, weil sie den Teilnehmern die Möglichkeit gibt, etwas Inspiration aus der Gruppe mitzunehmen.

Material: Für jedes Gruppenmitglied ein Blatt Papier im Format DIN A3; Schreibzeug.

Anleitung: Dies wird unsere letzte Sitzung sein. Ich habe den Eindruck gewonnen, daß Sie sich gegenseitig sehr geschätzt haben.
Darum möchte ich Ihnen Gelegenheit geben, füreinander weiterhin geistig präsent zu bleiben, auch wenn Sie nachher auseinandergehen.
Nehmen Sie sich bitte ein Blatt Papier und schreiben Sie oben auf den Bogen Ihren Namen. Legen Sie das Blatt auf einen der Tische.
Gleich können wir anfangen, im Raum herumzugehen und bei jedem Gruppenmitglied einen Satz „zum Mitnehmen" auf sein Blatt zu schreiben. Schreiben Sie etwas auf, von dem Sie annehmen, daß der Empfänger davon etwas hat, daß es ihm gut tut, wenn er zu Hause diese Botschaft von Zeit zu Zeit noch einmal liest. Vielleicht wollen Sie ihm danken, vielleicht wollen Sie ihm ein Kompliment machen, vielleicht wollen Sie ihm eine eigene Erfahrung mitteilen, vielleicht wollen Sie ihn ermutigen, vielleicht wollen Sie ihm einfach sagen, daß Sie ihn geschätzt haben. Vergessen Sie nicht, zu Ihrer Botschaft Ihren Namen hinzuzusetzen und das heutige Datum. Wir können uns für diese Graffitis eine halbe Stunde Zeit lassen...
(Fordern Sie die Gruppenmitglieder anschließend auf, ihre Graffitis an sich zu nehmen und zu lesen. Dann soll jeder Gelegenheit zu einem Schlußwort in der Art eines Blitzlichtes haben.)

83

Kleine Veränderungen

(30 Minuten)

Ziele: Dies ist ein weiteres symbolisches Abschiedsritual. Es gestattet den Teilnehmern ebenso, die Lust nach Veränderung auszudrücken wie das Bedürfnis nach Ruhe und Konsolidierung. Vor allem lenkt es die Aufmerksamkeit auf kleine Veränderungen, die jeder in der nächsten Zeit ausprobieren möchte.

Anleitung: Das Ende eines Seminars hat Ähnlichkeit mit der Silvester-Nacht. Wir nehmen uns vielleicht bestimmte Dinge vor, die wir in Zukunft anders machen wollen. Aber im Untergrund haben wir aus Erfahrung auch ein Gefühl der Skepsis, weil wir aus Erfahrung wissen, daß unsere Neujahrsvorsätze schon öfter gescheitert sind. Was können wir angesichts dieses Dilemmas nun eigentlich machen? Das Geheimnis wirksamen Lernens liegt darin, sich klarzumachen, daß es die kleinen Veränderungen sind, die irgendwann große Veränderungen bewirken. Darum kann ich Ihnen jetzt nur empfehlen, daß Sie sich ganz kleine Veränderungen vornehmen und daß Sie Ihren Ehrgeiz zügeln. Auch kleine Veränderungen können den Anstoß zu sehr produktiven Kettenreaktionen geben.

Und nun möchte ich Ihnen sagen, wie wir diesen möglichen kleinen Veränderungen im Beruf oder im Privatleben Raum geben können. Wir werden uns in einem engen Kreis zusammensetzen. Irgendeiner von uns kann anfangen, eine kleine Veränderung mitzuteilen, die er nach dem Seminar ausprobieren will. Vielleicht möchte er die Kollegen morgens persönlicher begrüßen, vielleicht möchte er seinen Schreibtisch anders dekorieren oder er möchte den Rhythmus seines Arbeitstages verändern. Wer uns kurz mitgeteilt hat, was er ausprobieren will, hat anschließend zwei Möglichkeiten, uns zu sagen, wie es weitergehen soll.

Die erste geht so: Der Betreffende macht zwei Fäuste und hält sie unter sein Kinn. Lassen Sie uns das alle probieren. Das bedeutet nichts anderes als: Punktum, ich bin fertig, und irgend-

ein anderes Gruppenmitglied kann weitermachen.
Die andere Möglichkeit geht so: Der Betreffende legt beide Daumen zusammen über seinen Mund und winkt mit den restlichen freien Fingern der Gruppe zu. Lassen Sie uns das alle probieren. Dieses Zeichen bedeutet: Ich bin fertig, aber ehe der Nächste das Wort ergreift, sollen wir alle ganz schnell unsere Plätze tauschen. Danach kann sich das nächste Gruppenmitglied zu Wort melden.
(In den meisten Fällen sollte dieses Ritual die Einleitung der Schlußsitzung sein. Schließen Sie die Sitzung mit dem ruhigeren „Blitzlicht". Lassen Sie den Teilnehmer, der links neben Ihnen sitzt, beginnen und in ein paar Sätzen mitteilen, mit welchen Gedanken und Gefühlen er die Gruppe verläßt. Dann macht der linke Nachbar weiter, bis Sie sozusagen das letzte Wort haben. Sie können dann der Gruppe für ihre Kooperation danken und ein paar Worte zum Schluß sprechen.)

Respekt
(30 – 45 Minuten)

Ziele: Diese Übung hilft den Gruppenmitgliedern, wichtige Augenblicke aus dem Seminar noch einmal Revue passieren zu lassen.

Material: Papier und Bleistift.

Anleitung: In unserer letzten Sitzung möchte ich Sie auf etwas aufmerksam machen, mit dem Sie Ihre eigene Entwicklung fördern können. Ich denke an ein etwas altmodisches Wort, an das Wort „Respekt". Wir sind respektvoll, wenn wir aufmerksam sind, wenn wir Dinge, die wir selbst erleben, Dinge, die wir tun, Dinge, die andere tun oder sagen, neugierig und frisch auf uns wirken lassen, vielleicht mit der Naivität eines Kindes. Der Respekt, den wir uns und anderen erweisen, ermöglicht uns eine positive, ja liebevolle innere Haltung, die uns die wertvollen Dinge, auf die wir immer wieder im Leben stoßen, bemerken läßt. Und wenn wir respektvoll sind, dann suchen wir nicht nur große Meister und Gurus, große Vorbilder und Helden, sondern wir lassen uns auch von den kleinen Dingen anregen und sind bereit, sie zu benutzen.
Ich möchte Sie zu einer solchen Haltung des Respektes ermutigen, wenn wir jetzt durch unsere letzte Sitzung hindurchgehen. Nehmen Sie bitte ein Blatt Papier und erinnern Sie sich. Notieren Sie einen wichtigen Satz aus dem Seminar, ein paar Worte, vielleicht ein einziges Wort, das eine respektvolle Resonanz in Ihnen ausgelöst hat, und notieren Sie diesen Satz, diese Worte, dieses einzelne Wort... (1 – 2 Minuten)
Nun möchte ich einen nach dem anderen bitten, uns vorzulesen, was er aufgeschrieben hat. Berichten Sie uns auch, welche Situation im Seminar es war, die zu Ihren Notizen geführt hat...
(Wenn alle Teilnehmer ihre Notizen vorgetragen haben, können Sie den zweiten Teil dieser Übung beginnen.)
Stellen Sie die Stühle bitte zurück und beginnen Sie, im Raum herumzugehen. Wenn ich „Stop!" rufe, bleiben Sie bitte vor

irgendeinem anderen Gruppenmitglied stehen. (30 Sekunden)
„Stop!“ Sagen Sie Ihrem Partner, welche Aktivität des Seminars Ihnen besonders gut gefallen hat und warum... (1 Minute)
Und nun gehen Sie bitte auseinander. Gehen Sie weiter herum, bis ich wieder „Stop!“ sage.
(Lassen Sie die Teilnehmer in immer neuen Paaren zusammenkommen und geben Sie diesen eine Auswahl der folgenden Themen für einen kurzen zweiminütigen Austausch:

- Sagen Sie Ihrem Partner, was Sie an seiner Präsenz in der Gruppe besonders geschätzt haben.
- Beschreiben Sie eine Qualität Ihres Partners, die Sie bewundern.
- Sagen Sie Ihrem Partner eine Veränderung, die Sie im Laufe des Seminars bei ihm festgestellt haben.
- Sprechen Sie mit Ihrem Partner über ein eigenes Talent, das Sie stärker entwickeln möchten.
- Erzählen Sie dem Partner von etwas, was in Ihrem Leben zu Ende geht und was dessen Platz einnehmen wird.
- Sagen Sie einander, was Sie an dieser Gruppe gemocht haben.
- Erzählen Sie dem Partner von etwas, was Sie hier getan haben, wozu Sie Mut brauchten.
- Erzählen Sie dem Partner, wo Sie sich anders verhalten haben als üblich.
- Berichten Sie dem Partner von einem wichtigen Wunsch, den Sie für Ihre Zukunft haben.)

Kommen Sie nun bitte zu Ihrem Platz zurück und nehmen sich noch einmal Ihre Notizen vor. Lesen Sie Ihre Aufzeichnungen und schließen Sie dann Ihre Augen. Stellen Sie sich irgendeine zukünftige Situation vor, in der Sie diese Worte vielleicht benutzen können. Wo sind Sie dann?... Mit wem sind Sie zusammen?... Was tun Sie bzw. was sagen Sie?... (1 – 2 Minuten)
Nun öffnen Sie wieder die Augen. Jeder hat nun eine halbe Minute Zeit, um uns zu berichten, was er sich vorgestellt hat. Sprechen Sie dabei bitte im Präsens. Tun Sie so, als ob diese Szene gerade jetzt stattfindet.

Prosit

(15 Minuten)

Ziele: Dies ist ein ganz einfaches Ritual, bei dem die Teilnehmer sich gegenseitig zuprosten können, um all das zu würdigen, was sie bei dem Seminar gelernt oder erreicht haben bzw. was für sie wertvoll ist. Das Anstoßen mit den Gläsern symbolisiert das Gefühl der Gemeinschaft und die Bedeutung, die jede Beziehung in der Gruppe gehabt hat. Dieses Ritual stellt eine schöne Form dar, um Gefühle auszudrücken, besonders Zuneigung, Stolz und Dankbarkeit.

Material: Sektgläser und Selterwasser.

Anleitung: Die Reise durch unser Seminar geht zu Ende, und am Ende jeder Reise ist es angebracht, daß wir uns noch einmal auf die guten Dinge konzentrieren, die wir erlebt und erfahren haben. Nehmen Sie sich jeder ein Sektglas und lassen Sie sich dieses Glas von mir füllen... Wir können gleich beginnen herumzugehen, um mit jedem anderen Gruppenmitglied nacheinander anzustoßen. Dabei können Sie sich Zeit nehmen, um wichtige Gedanken auszudrücken, die Ihnen einfallen, wenn Sie einander gegenüberstehen. Wenn Sie wollen, können Sie sich bei anderen bedanken für Anregungen, Kooperation und Hilfestellung. Genausogut können Sie auf eigene Erfolge und Errungenschaften anstoßen. Sie können auf Hoffnungen und Träume anstoßen oder auf gemeinsame Werte, die Sie miteinander teilen, oder auf Gefühle, die sich im Laufe der Zeit entwickelt haben. Wenn Sie gesprochen haben, stoßen Sie miteinander an und trinken Sie zur Bekräftigung des Gesagten einen erfrischenden Schluck. Sie brauchen keine Skrupel dabei zu haben, wir trinken reines Quellwasser. Dann gehen Sie zum nächsten Gruppenmitglied und lassen sich überraschen, welche Dinge Ihnen dann einfallen. Wenn Ihr Glas leer ist, können Sie zu mir kommen, damit ich Ihnen neu einschenke.

Drei Wünsche

(60 Minuten)

Ziele: Dies ist ein weiteres Abschiedsritual, um das Seminar mit einem positiven Akzent zu beenden. Die Teilnehmer können ihr Einfühlungsvermögen, ihre „emotionale Intelligenz" benutzen, um anderen gute Wünsche für die Zukunft mitzugeben. Die Übung stärkt Selbstwertgefühl und Zuversicht der Teilnehmer.
Benutzen Sie den Beginn der Sitzung für eine Abschlußdiskussion, so daß diese Aktivität ganz am Ende stehen kann.

Anleitung: Ich möchte Sie zu einem Abschlußritual einladen, bei dem Sie noch einmal Ihre menschliche Verbundenheit ausdrücken können. Jeder kann sich etwas Inspiration schenken lassen für die kommende Zeit.
Schieben Sie die Stühle zurück, stellen Sie sich in einem engen Kreis auf und legen Sie Ihre Arme um die Hüften Ihrer Nachbarn.
Jetzt will ich Ihnen erklären, wie dieses Ritual geht: Immer ein Gruppenmitglied geht in die Mitte. Dann überlegt der Betreffende, welche drei Gruppenmitglieder ihm etwas Gutes für seine Zukunft wünschen sollen. Er geht zu dem ersten Teilnehmer, stellt sich vor ihn hin und schaut ihn an. Die Wünsche sollen immer in derselben Form beginnen: „Ich wünsche Ihnen ein langes Leben, insbesondere wünsche ich Ihnen..." Sie können dem Gruppenmitglied, das zu Ihnen kommt, ganz unterschiedliche Dinge wünschen. Vielleicht entscheiden Sie sich dafür, ihm etwas zu wünschen, von dem Sie wissen, daß der Betreffende es sich auch selbst wünscht. Es kann aber auch sehr erfrischend sein, wenn Sie dem Betreffenden etwas Überraschendes wünschen, etwas, an das dieser bisher selbst nicht gedacht hat. Der Empfänger des Wunsches kann reagieren, wie immer er möchte. Er kann schweigen, kann eine Geste machen oder er kann etwas sagen. Anschließend geht er zum zweiten Gruppenmitglied und danach zum dritten. Dann kehrt er an seinen Platz im Kreis zurück und der nächste kommt in die Mitte etc.

Doktor Allwissend

(30 Minuten)

Ziele: Hier haben Sie ein humorvolles Abschiedsritual, das sich hervorragend eignet für Gruppen mit geistiger Beweglichkeit. Gerade wenn die Gruppe hart und gut gearbeitet hat, kann dieses Ritual für eine Auflockerung der Stimmung sorgen und die Teilnehmer daran erinnern, daß es keine endgültigen Weisheiten oder Rezepte gibt, die mit Sicherheit die erhofften Ergebnisse bringen. Das Leben ist so überraschend wie die Struktur dieser vorzüglichen Übung.

Dieses Experiment kann nicht ganz am Ende stehen, aber es kann die Schlußsitzung sehr schön einleiten. Im Anschluß daran kann mit einer gewissen Leichtigkeit über Fragen des Transfers diskutiert werden.

Anleitung: Am Ende unseres Seminars möchte ich Ihnen noch einmal zwei Gedanken vortragen, die ich beide für wichtig halte. Der erste Gedanke sagt ungefähr folgendes: „Lernen bedeutet vergessen." Wenn wir etwas lernen, dann müssen wir dafür Platz schaffen, und wir müssen fast immer irgend etwas anderes in den Hintergrund schieben, oft sogar vergessen. Vieles, was wir lernen, hat nur eine begrenzte Nutzungsdauer. Irgendwann kommt der Zeitpunkt, wo das Gelernte veraltet ist, weil wir selbst uns geändert haben, weil wir älter geworden sind, weil sich die Gesellschaft oder unser Unternehmen verändert hat. Das gilt auch für alles, was Sie möglicherweise hier gelernt haben. Sie müssen herausfinden, wie lange Ihnen diese Dinge wirklich nützlich sein können. Diese Gedanken können uns vielleicht etwas melancholisch stimmen, besonders wenn wir eine Vorliebe für Tempel und Pyramiden haben, die der Vergänglichkeit lange trotzen. Darum soll der zweite Gedanke einen gewissen Ausgleich schaffen und Sie etwas heiter stimmen: Wenn wir es fertigbringen, ab und zu über uns selbst zu lachen, dann haben wir ein gutes Gegenmittel gegen die Anfechtungen des Perfektionismus. Wir können uns dann viel leichter lösen von unseren Vorurteilen, von übertriebenem Ehrgeiz, von Rechthaberei, und wir können uns öffnen für die vielen Dinge, die wir jeden Tag neu lernen und neu genießen können.

Das Zusammenspiel dieser beiden Gedanken möchte ich Ihnen in einem kleinen Spiel erlebbar machen. Wir werden uns im Kreis zusammensetzen. Aber für dieses Spiel brauchen wir drei Freiwillige, die die Rolle des Doktor Allwissend spielen. Wer von Ihnen ist neugierig genug, um sich für diese Aufgabe zur Verfügung zu stellen?

Diese drei Personen nehmen nun bitte ihre Stühle und setzen sich in der Mitte des Kreises zusammen. Die Gruppe kann dem Doktor Allwissend gleich alle möglichen Fragen stellen, die sie einem Experten für Organisationsentwicklung oder Managementtraining insgeheim gerne stellen würden. Dabei gelten jetzt allerdings ein paar spezielle Regeln. Immer ein Gruppenmitglied kann eine Frage stellen, dann wird Doktor Allwissend antworten, und zwar auf folgende Weise: Ein Mitglied des Trios beginnt die Antwort und sagt ein Wort, mehr nicht. Dann kommt das zweite Mitglied des Trios an die Reihe und sagt das zweite Wort, natürlich ohne sich mit dem ersten Mitglied abzusprechen. Dann kommt natürlich das dritte Triomitglied an die Reihe und dann wieder das erste, bis der Satz komplett ist. Achten Sie bitte darauf, daß Doktor Allwissend einen logischen und kompletten Satz sagt. Manchmal genügt ein Satz für die Antwort, aber es kann sein, daß Doktor Allwissend in zwei oder mehr Sätzen antwortet. Das Gute bei diesen Antworten unseres Experten ist darin zu sehen, daß Doktor Allwissend genauso überrascht sein wird von seiner Antwort wie derjenige, der die Frage gestellt hat, oder wie wir alle in der Gruppe. Haben Sie verstanden, wie das geht? Wählen Sie am besten Fragen aus über das Berufsleben, über die Kunst, eine Karriere zu gestalten, mit schwierigen Vorgesetzten oder Mitarbeitern zurechtzukommen, oder stellen Sie Fragen zum Leben überhaupt.

Zauberkiste

(60 Minuten)

Ziele: Dies ist eine interessante Technik, die den Teilnehmern hilft, am Ende des Seminares ihre Gedanken und Gefühle zu sortieren und mit einer optimistischen Stimmung in den Alltag nach Hause zurückzukehren.

Anleitung: Für unsere letzte Sitzung habe ich Ihnen eine Überraschung mitgebracht. Sie brauchen Ihre Phantasie, um zu erraten, worum es sich handelt. (Stellen Sie pantomimisch zwei große Kartons in einigem Abstand voneinander in die Mitte des Kreises und klappen Sie die Deckel auf.) Können Sie sich vorstellen, was ich Ihnen mitgebracht habe? Bei diesen imaginären Gegenständen handelt es sich um zwei Zauberkisten. In dieser Zauberkiste (deuten Sie auf einen der beiden Kartons) können Sie alles deponieren, was Sie nicht mit nach Hause nehmen wollen. Wenn Sie z. B. eine Verhaltensweise nicht länger praktizieren wollen, können Sie sie da hineingeben. Genausogut können Sie eine überholte Idee, ein Prinzip, einen unpraktischen Grundsatz, eine nicht mehr benötigte Illusion in die Kiste tun. Sie können aber auch unerwünschte Gefühle, schlechte Angewohnheiten, böse Erinnerungen dort deponieren. Sie können alles hineintun, was Sie in Zukunft belasten würde, was nicht mehr brauchbar ist, was Sie an der Entfaltung Ihrer Energie privat und beruflich hindert.

Nun zur zweiten Zauberkiste. Aus dieser Box können Sie alles herausholen, was Sie von hier mitnehmen wollen, anregende Gedanken, das eine oder andere neue Ziel, gute Gefühle, vielleicht auch gute Erinnerungen an die Gruppe und an Menschen, denen Sie nahegekommen sind, vielleicht auch die Lust, mehr in Ihrem Leben zu experimentieren und optimistischer zu handeln. Mit anderen Worten, aus dieser Kiste können Sie die Dinge herausholen, von denen Sie das Empfinden haben, daß es Ressourcen sind, die Ihnen bei all Ihren Unternehmungen nützen können.

Und jetzt will ich Ihnen sagen, wie wir diese Kisten in ein kleines Gruppenritual einbeziehen werden. Immer einer von Ihnen kann in die Mitte gehen und in die Ballast-Kiste etwas Altes, Überholtes, Schädliches hineingeben. Sie können eine Sache hineintun oder mehrere, ganz wie Sie wollen. Sie können auch andeuten, wenn Ihnen danach zumute ist, wie schwer oder wie sperrig die Sache ist, die Sie hineintun. Sie können sie hineinfallen lassen, aber von mir aus können Sie sie auch hineinwerfen – diese Zauberkiste ist sehr robust und hat ein ungeheures Volumen. Anschließend soll der Betreffende dann zu der Ressourcen-Kiste gehen und sich dort die Dinge herausnehmen, die er von hier mitnehmen möchte. Auch diese Kiste ist unerschöpflich und viel reichhaltiger, als wir es uns vorstellen können. Sie können Dinge herausnehmen, von denen Sie schon ziemlich klar wissen, worum es sich handelt, wie z. B.: „Ich werde mich in Zukunft besser abgrenzen und ein klareres Nein sagen, wenn ich etwas nicht tun will." Aber Sie können auch etwas herausholen, was Sie vielleicht mehr ahnen, wie z. B.: „Ich nehme die Hoffnung mit, daß ich immer besser in der Lage sein werde, weniger Angst vor Krisen und Fehlschlägen zu empfinden." Auch hier können Sie eine Sache herausholen oder mehrere, ganz wie Sie wollen.

Jeder Teilnehmer, der an der Reihe ist, erklärt der Gruppe in einigen Worten, wovon er sich befreit hat bzw. was er Neues hinzugewonnen hat. Wenn Sie möchten, können Sie uns auch zeigen, wie Sie sich fühlen, wenn Sie die guten Dinge an sich genommen haben.

Anschließend kann dann das nächste Gruppenmitglied in die Mitte gehen.

Wiedersehen

(30 – 60 Minuten)

Ziele: Diese hervorragende Technik ersetzt die traditionelle Seminarkritik am Ende eines Kurses. Die Teilnehmer können sich gedanklich in die Zukunft versetzen und aus dieser Zukunftsperspektive zurückblicken auf das Seminar, auf ihre Erlebnisse, auf Schwierigkeiten, Tiefpunkte, aber auch auf die guten Dinge, die sie „damals" erfahren haben. Die Technik des Rückblicks hilft den Teilnehmern, inneren Abstand zu gewinnen und die Seminarerfahrung mit dem eigenen Lebenslauf zu verbinden. Dieser Abstand hilft vielen Teilnehmern ebenfalls, innere Veränderungen zu bemerken und den Fortschritt anzuerkennen, der ihnen gelungen ist. Gleichzeitig gibt diese Technik auch die Möglichkeit, Schwierigkeiten, Enttäuschungen und Krisen auszudrücken und zu überprüfen. Auch die Beziehungen zu den anderen Gruppenmitgliedern können dabei thematisiert werden. Es ist wichtig, daß Sie den Teilnehmern bei dem Rollenspiel helfen, die Perspektive des Rückblicks durchzuhalten und nicht in die Gegenwart zu springen.

Anleitung: Ich möchte Sie zu einem kurzen abschließenden Rollenspiel einladen, das Ihnen den Übergang in den Alltag erleichtern kann. Außerdem kann es Ihnen helfen, die Seminarerfahrung besser mit Ihrem alltäglichen Leben zu verbinden.

Nun will ich Ihnen sagen, wie das Ganze geht: Immer zwei Gruppenmitglieder gehen in die Mitte und stellen sich vor, daß sie sich zu irgendeinem Zeitpunkt in der Zukunft wiedersehen, in einem Jahr, in drei Jahren, in fünf Jahren oder noch später. Darüber können die beiden eine kurze Absprache treffen, genauso sollten Sie sich darüber absprechen, wo sie sich treffen – auf einem Kongreß, in einem Restaurant oder auf einem Bahnhof. Beide gehen aufeinander zu und begrüßen sich. Vielleicht erkennen sie sich auch nicht sofort und brauchen etwas Zeit, um sich zu erinnern, vielleicht sind sie am Anfang etwas scheu, vielleicht empfinden sie spontan große Freude, daß sie sich wiedersehen.

Nach der Begrüßung beginnt ihre Unterhaltung. Sie erzählen sich natürlich, was sie gerade beruflich und privat im Leben machen, wo sie angekommen sind in ihrer Karriere, womit sie sich beschäftigen. Dann sprechen sie über die alten Zeiten, über das Seminar und über die Tage, die sie hier miteinander verbracht haben. Sie können sich Anekdoten berichten, Höhen und Tiefen auf dem Seminar und natürlich auch, was sie aus diesem zeitlichen Abstand über das Seminar denken, was es für sie wirklich bedeutet hat.
Nach ein paar Minuten werde ich die Unterhaltung unterbrechen und wir werden den beiden Akteuren Beifall spenden. Dann können die nächsten beiden in die Mitte gehen und diese Wiedersehens-Szene spielen.

Geschenke

(60 – 90 Minuten)

Ziele: Diese Strategie gibt dem Abschluß des Seminars eine herzliche Note. Die Teilnehmer können ein letztes Mal etwas füreinander tun und Einfühlungsvermögen zeigen. Jeder erhält ein kleines symbolisches Geschenk, das als eine Art „Übergangsobjekt" helfen kann, das Bedauern über den Abschied leichter zu verarbeiten.

Material: Sie brauchen ein möglichst breites Sortiment an Bastelmaterial, z. B.: Bastelkarton, Ölkreiden, Klebstoff, einige Zeitschriften, Scheren, Wolle in verschiedenen Farben, Schachteln unterschiedlicher Größe, Streichhölzer, Strohhalme und möglichst viele verschiedene Naturobjekte wie getrocknete Blumen, Kieselsteine, trockene Blätter, Tannenzapfen etc. Außerdem für jeden Teilnehmer einen Streifen Papier für das Auslosen der Namen.

Anleitung: Am Ende des Seminars sollen Sie noch einmal Gelegenheit haben, etwas füreinander zu tun. Sie kennen sich jetzt ziemlich gut und Sie wissen, wo jeder von Ihnen in seiner beruflichen Laufbahn steht, welche Möglichkeiten und welche Schwierigkeiten er gerade hat. Benutzen Sie dieses Wissen und Ihre Intuition, um für einen Seminarkollegen ein kleines Geschenk zu basteln.
Schreiben Sie Ihren Namen auf einen der Papierstreifen und falten Sie ihn zu einem Los zusammen, damit wir als erstes die Namen auslosen können...
Sie werden gleich 30 Minuten Zeit haben, ein Geschenk für das Gruppenmitglied zu basteln, dessen Namen Sie gezogen haben. Benutzen Sie Ihre Phantasie und denken Sie sich etwas aus, was diesen Kollegen inspirieren kann, was sein Denken und seinen Optimismus beflügelt. Sie können all das Material benutzen, was ich hier auf den Tisch gelegt habe. Bitte sprechen Sie nicht mit anderen und suchen Sie sich einen ruhigen Platz, wo Sie gut

arbeiten können. Nach 30 Minuten kommen Sie dann bitte wieder zum Kreis zurück... (30 Minuten)
Nun möchte ich, daß jeder sein Geschenk vor sich auf den Boden legt. Jetzt werden wir die feierliche Zeremonie einleiten, in der die Geschenke verteilt werden. Einer zur Zeit soll sein Geschenk übergeben und mit ein paar persönlichen Worten ausdrücken, was er dem Kollegen wünscht und was er mit diesem Geschenk sagen möchte. Anschließend kann der Beschenkte mit ein paar Worten reagieren.

91

Abschiedsbriefe

(30 – 40 Minuten)

Ziele: Wenn eine Gruppe sehr eng zusammengearbeitet hat, so daß intensive Beziehungen entstanden sind, können Sie auf diese bewährte Abschiedsstrategie zurückgreifen. Dabei schreibt jeder einen Brief an ein Gruppenmitglied, bei dem er sich speziell bedanken möchte, weil er von ihm viel bekommen hat. Hier überlassen wir es bewußt den Teilnehmern selbst, sich für ein Gruppenmitglied zu entscheiden. In der Praxis führt das dazu, daß einige Gruppenmitglieder mehrere Briefe bekommen und andere keinen.

Material: Papier und Bleistift.

Anleitung: Abschied nehmen können wir leichter, wenn wir nicht auf so vielen unerledigten Dingen sitzen. Zu den Dingen, die wir nicht so leicht ausdrücken, gehören intensive positive Gefühle anderen gegenüber, gehören Dankbarkeit, gehören Glück- und Segenswünsche. Damit Sie Ihre freundlichen Empfindungen nicht mit nach Hause tragen müssen, möchte ich Ihnen einen Vorschlag machen: Suchen Sie sich jeder ein Gruppenmitglied aus, das einen herzlichen Abschiedsbrief erhalten soll. Benutzen Sie dieses klassische Medium, um jemandem die guten Dinge zu sagen, die Sie bisher nicht ausgedrückt haben. Vielleicht empfinden Sie Dank, daß der Betreffende Ihnen Verständnis gezeigt hat, Ihnen Zeit oder Unterstützung gewährt hat; vielleicht möchten Sie ausdrücken, daß Sie die Präsenz dieser Person genossen haben; vielleicht fühlen Sie eine gewisse Nähe und möchte diesem Gruppenmitglied für die Zukunft Glück wünschen. Diese Briefe sollen ganz privat bleiben, sie sind nicht dazu bestimmt, vorgelesen zu werden. Lassen Sie sich jetzt 20 Minuten Zeit, um Ihre Briefe zu schreiben. (20 Minuten)
Jetzt übergeben Sie bitte Ihre Briefe, und wir wollen den Empfängern ein paar Minuten Zeit geben, diese Botschaften zu lesen und zu genießen. (5 Minuten)

92

Übergänge

(30 – 45 Minuten)

Ziele: Die Teilnehmer haben Gelegenheit, die sehr klare Übergangssituation des Seminarendes zu benutzen, um über weitere kleine und große Übergangssituationen in ihrem gegenwärtigen Lebensabschnitt nachzudenken. Wir kombinieren dabei auf sehr schöne Weise körperliche Bewegung mit der geistigen Bestandsaufnahme.

Anleitung: Lassen Sie uns im Kreis zusammensitzen, damit wir unsere letzte Gruppensitzung beginnen können. Wir alle sind in einer typischen Übergangssituation. Diese Gruppe geht zu Ende und unser Leben geht weiter, und wahrscheinlich gibt es im Augenblick in der Gruppe ganz unterschiedliche Gefühle: Vielleicht gibt es Bedauern, daß Sie sich von einigen Gruppenmitgliedern trennen müssen; vielleicht gibt es Freude auf zu Hause; vielleicht gibt es Neugier auf die Rückkehr ins Unternehmen; vielleicht gibt es Erleichterung, daß Sie einige Dinge jetzt aus einer anderen Perspektive sehen können; vielleicht gibt es aber auch Zweifel, ob Sie das, was Sie wollen, auch verwirklichen können. Übergangssituationen können uns leicht erschrecken, weil etwas zu Ende geht, auf das wir uns eingestellt haben und das uns jetzt vertraut ist, und weil das Neue danach noch unsicher ist.

Dabei ist die Übergangssituation am Ende eines Seminares nur eine von vielen Übergangssituationen, die wir immer wieder im Leben meistern müssen: Wir bekommen eine neue Aufgabe in der Firma, wir bekommen einen neuen Vorgesetzten, eine Beziehung geht zu Ende, ein Kind verläßt das Haus usw. Die meisten Menschen haben die Angewohnheit, nur die größeren, spektakulären Übergänge zu registrieren und die vielen kleinen Übergänge auszublenden, in der Illusion, daß dies sozusagen stabile, ruhige Zeiten sind. Dabei erleben wir jeden Tag, jede Stunde, jede Minute viele kleine Übergänge, irgend etwas geht zu Ende, irgend etwas beginnt.

Und ich hoffe, daß dieses Seminar dazu beigetragen hat, daß Sie

etwas aufmerksamer geworden sind im Blick auf die Übergänge in Ihrem Leben. Wir wollen üben, diesen Übergängen in unserer letzten Sitzung Beachtung zu schenken, und zwar auf folgende Weise:
Irgendeiner von uns kann anfangen und uns allen erzählen, welche Dinge im gegenwärtigen Lebensabschnitt zu Ende gehen oder bereits abgeschlossen sind und welche Dinge sich neu ankündigen oder schon begonnen haben. Bedenken Sie dabei auch, daß diese Übergänge mit unseren Ressourcen verbunden sind. Manchmal werden Ressourcen frei, wenn etwas zu Ende geht, manchmal entstehen auch ganz neue Ressourcen. Sie können sich ein paar Minuten Zeit geben, um über diese Übergänge in Ihrem gegenwärtigen Leben zu sprechen. Natürlich können Sie auch erwähnen, bei welchen Übergängen Sie die Dinge benutzen wollen, die wir hier gelernt haben.

Geburtsurkunde

(60 – 90 Minuten)

Ziele: Dies ist ein schönes Kunstexperiment, bei dem die Teilnehmer am Ende des Seminars noch eine wichtige Anregung mit nach Hause nehmen. Wir betonen dabei die Bedeutung der Intuition für unser Lernen und für unser Leben, wir betonen dabei Vertrauen zum Leben bzw. die Kehrseite davon – Selbstvertrauen. In dieser Übung können die Teilnehmer eine neue Geburtsurkunde entwerfen, die im Unterschied zu dem alten Original dekoriert ist mit vielen Symbolen für die Talente, Neigungen und Hoffnungen jedes einzelnen.

Material: Hier brauchen wir farbigen Konstruktionskarton, Scheren, Klebstoff, Zeitschriften, Ölkreiden.

Anleitung: Sie kennen wahrscheinlich aus der Management-Literatur Buchtitel wie: „Reinventing the Cooperation“ oder „Reengeniering the Cooperation“. Wir können diese Aufforderung, unsere Unternehmen beständig zu erneuern, auch auf uns selbst übertragen. Jedem von uns tut es gut, wenn er sich von Zeit zu Zeit neu erfindet. Dabei können wir zwei Dinge benutzen, über die schon das kleine Kind verfügt und über die wir als Erwachsene auch verfügen können, nämlich Vertrauen und Intuition. Das kleine Kind vertraut darauf, daß es von den Eltern beschützt und genährt wird, daß es liebevoll berührt und sicher gehalten wird. Und es benutzt seine Intuition, um die wichtigsten Dinge zu tun, um zu atmen, zu trinken, zu schreien und zu lächeln. In gewisser Weise ist das Baby völlig ignorant, es kann nicht sprechen, es hat keine Theorie über das Leben, aber es hat ein tiefes Vertrauen, mit dem es im Ozean des Lebens herumschwimmt. Häufig unterschätzen wir als Erwachsene die Bedeutung von Vertrauen und Intuition. Wir haben oft die Illusion, daß wir durch mehr Wissen Probleme lösen und Aufgaben erfüllen können, und wir opfern unsere Kreativität häufig unserem Bedürfnis nach Kontrolle.

Vielleicht sollten wir manchmal an unsere frühe Kinderzeit anknüpfen und an die Kreativität, die wir damals hatten. Ich will Ihnen eine Möglichkeit zeigen, wie Sie das tun können. Ich möchte, daß Sie sich zum Schluß des Seminars eine neue Geburtsurkunde herstellen. Der Text soll möglichst kurz sein. Natürlich ist der Name wichtig und die Tatsache, daß Sie an einem bestimmten Datum geboren sind. All die Angaben über Geburtsort und Eltern sind in unserem Fall unwichtig. Statt dessen sollen Sie die Geburtsurkunde möglichst phantasievoll dekorieren, indem Sie symbolisch all die Talente und Ressourcen andeuten, über die dieses Kind inzwischen verfügt, und dazu noch all die Wünsche, Hoffnungen und Möglichkeiten, die es in Ihrem Leben gibt. Benutzen Sie alle Materialien, die ich mitgebracht habe, und machen Sie sich die schönste Geburtsurkunde der Welt, damit Sie sie mitnehmen können als Beweis, daß Sie ebenfalls in der Lage sind, sich in einem gewissen Umfange neu zu erfinden. Sie haben eine halbe Stunde Zeit. Nachher werden wir uns all die schönen Geburtsurkunden ansehen und vielleicht mehr Hoffnung haben, daß dies ein guter Beitrag ist, auch zur Erneuerung unserer Organisationen...

Ziele
(60 Minuten)

Ziele: Wir benutzen hier ein Ritual, um die Ziele, die jeder nach dem Seminar verfolgt, zu würdigen und um sie auch im Unbewußten zu verankern. Das Seminar betont noch einmal die Verbundenheit der Gruppe, aber es gibt auch Optimismus für die Zeit nach dem Seminar.

Material: Eine Kerze und für jeden Teilnehmer zwei Teelichter.

Anleitung: In unserer letzten Sitzung können wir uns auf die Ziele konzentrieren, die jeder in der nächsten Zeit verfolgen möchte.
Zunächst können Sie an berufliche Ziele denken. Was möchten Sie gerne erreichen? Wobei können Ihnen die Dinge, die Sie hier gelernt haben, helfen? Welche Ziele scheinen Ihnen erreichbar zu sein? Bei welchen Zielen gibt es wirklich schwierige Hindernisse?
Aber Sie können auch an private Ziele denken, weil Sie wissen, wie wichtig eine gute Balance zwischen Privat- und Berufsleben ist. Was möchten Sie im Privatleben anders machen? Was bringen Sie den Menschen vom Seminar mit, die Ihnen am meisten am Herzen liegen? Können Sie irgend etwas, was Sie hier gelernt haben, auch in Ihrem privaten Bereich benutzen?

Nehmen Sie sich ein Blatt Papier und machen Sie eine Liste aller Ziele, die Ihnen im Moment einfallen, die alle Bereiche Ihres Lebens berühren können: Beruf und Karriere, Hobbys, persönliche Beziehungen, Freizeit, Gesundheit usw. (5 Minuten)
Nun können Sie Ihre Ziele ein wenig gewichten, indem Sie an die Ziele, die Ihnen im Augenblick besonders wichtig vorkommen, Sternchen malen. Vielleicht soll ein Sternchen bedeuten: Das ist ein wichtiges Ziel. Vielleicht sollen zwei Sternchen bedeuten: Wenn ich dieses Ziel erreiche, dann ist mir etwas ganz Bedeutendes gelungen. Und vielleicht sollen drei Sternchen bedeuten: An diesem Ziel hängt mein Herz ganz besonders; dazu

brauche ich Glück, die Unterstützung anderer und ernsthaften eigenen Einsatz. (3 Minuten)

Normalerweise fällt es uns leicht, Ziele ins Auge zu fassen. Wir haben Ziele, die wir sehr lange Zeit verfolgen, aber es gibt auch immer wieder Ziele, die plötzlich auftauchen, wie Sternschnuppen am Himmel, so daß wir selbst überrascht sind, daß wir jetzt über ein solches Ziel nachdenken. Aber Ziele können uns auch zum Narren halten. Manchmal verfolgen wir Ziele, für die wir einen zu hohen Preis bezahlen, und wir ignorieren andere Ziele, die viel angemessener sind für uns selbst, für unsere ganze Person. Unsere Ziele hängen eng mit unseren Werten zusammen, und unsere Wertvorstellungen ändern sich und müssen sich auch im Laufe unseres Lebens ändern. Darum möchte ich Ihnen einen Gedanken nahebringen, der mir wichtig erscheint. Wenn wir Ziele ins Auge fassen, dann sollten wir nicht nur unseren Verstand konsultieren, sondern wir tun gut daran, wenn wir auch unser Herz befragen. Dann haben wir jene schöpferische Energie, die es uns gestattet, von „ganzem Herzen" ein Ziel zu verwirklichen.

Darum möchte ich Sie jetzt zu einer kleinen Zeremonie einladen, die es Ihnen leichter macht, auch Ihr Herz mit einzubeziehen.

Setzen Sie sich im Kreis zusammen. Ich werde in die Mitte des Kreises eine brennende Kerze stellen, und diese Kerze symbolisiert jene Erleuchtung, die möglich wird, wenn unser Verstand mit unserem Herzen kooperiert. Und um diese Kerze herum stelle ich für jeden von uns zwei Teelichter. Immer ein Gruppenmitglied zur Zeit kann gleich in die Mitte gehen, sich ein Teelicht nehmen und es an der Kerze anzünden. Dann kann der Betreffende einen Wunsch aussprechen, indem er sagt: „Ich wünsche mir, daß ich dieses Ziel erreiche:..." Dann sagt der Betreffende uns, welches Ziel er ins Auge gefaßt hat. Anschließend geht er mit seinem brennenden Teelicht an seinen Platz zurück. Die Flamme dieses Lichtes symbolisiert die Energie, die wir bekommen können, wenn wir wichtige Ziele haben, aber sie symboli-

siert auch, daß wir lernen müssen, unsere Ziele mit den Zielen anderer zu verbinden, und sie deutet an, daß Ziele in gewisser Weise kommen und gehen und daß wir nicht für unsere Ziele leben, sondern daß Ziele eine Möglichkeit sind, um unserem Leben immer wieder eine neue Richtung zu geben.
In der ersten Runde können wir unsere beruflichen Ziele ins Auge fassen. Wenn jeder sein erstes brennendes Teelicht vor sich stehen hat, wird die zweite Runde beginnen. Dann können wir uns auf unsere privaten Ziele konzentrieren.
(Manchmal ist es passend, wenn Sie sich nach der ersten Runde einschalten und der Gruppe eine Art Bestätigung geben, indem Sie sagen: „Ich habe viele wichtige Ziele gehört. Ich wünsche Ihnen, daß Sie Ihre Ziele verwirklichen können." Diesen kurzen, wichtigen Satz können Sie auch nach der zweiten Runde sagen.)

Mein schönes Geheimnis

(45 – 60 Minuten)

Ziele: Dies ist ein sehr schönes Experiment für Gruppen mit Teilnehmern, von denen erwartet wird, daß sie im Berufsleben selbständig und kreativ reagieren. Wir beginnen mit einer Einladung zur Improvisation und schließen dann ein symbolisches Experiment an, das eine besondere Hilfe zum „tiefen Lernen" ist.

Material: Weißer Bastelkarton, Scheren und Schreibzeug.

Anleitung: In jedem Seminar versuchen wir zu lernen. Wir sind neugierig darauf, was wir von dem Gruppenleiter lernen können; wir prüfen, was wir von den Teilnehmern lernen können oder von anderen Experten, die während des Seminars auftreten. Oft bemühen wir uns, die „korrekte" Lösung für Schwierigkeiten herauszufinden, oder wir strengen uns z. B. an, einen möglichst fortschrittlichen, effektiven, wahren oder ethischen Führungsstil zu erlernen. Diese Versuche, von anderen zu lernen, sind ja auch teilweise berechtigt, und unser ganzes Bildungssystem basiert auf dieser Annahme. Aber jetzt möchte ich Sie mit einigen Gedanken vertraut machen, die dieses Lernen von Autoritäten, von der Wissenschaft, von mir oder von sonst jemandem in der Gruppe deutlich relativieren. Wir dürfen nicht nur von Experten lernen, sondern wir müssen mehr und mehr auf unsere eigene Stimme hören und uns auf unsere eigenen Ressourcen verlassen. Darum möchte ich Ihnen fünf Dinge ans Herz legen, die Sie überprüfen können, ob Sie davon Nutzen haben:

1. Kultivieren Sie eine gesunde Skepsis in bezug auf alle Lehren über das richtige Management, über die richtige Geschäftsphilosophie, über die richtige Art, eine Familie zu haben. Damit meine ich auch alle Dinge, die ich Ihnen hier gesagt habe oder sagen werde.
2. Improvisieren Sie mit allen Ideen und allen Lehren – benutzen Sie sie, ignorieren Sie sie, drehen Sie sie um und spielen Sie mit ihnen auf jede erdenkliche Weise.

3. Seien Sie besonders vorsichtig, wenn Sie den Eindruck haben, daß in Ihrer Arbeit oder in Ihrem persönlichen Leben die spielerische Komponente fehlt. Vergessen Sie nie, daß Spiel ernsthafte Arbeit ist.
4. Denken Sie daran, daß alles, was Sie lernen, Sie zu einem anderen Menschen macht. Und dieser neue Mensch muß sich auch anders verhalten, andere Dinge tun, andere Experimente anstellen, was wiederum zu neuen Einsichten führt.
5. Folgen Sie weniger den Rezepten der Experten und mehr den spielerischen Vorschlägen Ihrer eigenen Intuition.

Damit Sie Ihr Gefühl dafür stärken, was das bedeutet, möchte ich Sie zu einem letzten Spiel einladen, das Sie zu Hause fortsetzen können. Nehmen Sie sich eine Schere und schneiden Sie sich aus dem weißen Karton die Silhouette eines Eis aus, etwa so groß wie ein Hühnerei. Das Ei ist das klassische Symbol für Neubeginn und Schöpfung, und im alten Orient glaubten die Menschen, daß die große Göttin der Nacht zuerst das Weltei schuf und aus den beiden Hälften der Eierschale Himmel und Erde formte. Als erster Gott entsprang Eros, der Begehrte, dem Ei.

Die Symbolik des Eis ist eine Einladung an Ihre Phantasie, Ihnen zunehmend häufiger zur Verfügung zu stehen. Aber Sie müssen mit Ihrer Phantasie kooperieren. Darum können Sie jetzt dieses alte Symbol persönlich gestalten. Fragen Sie sich eine Weile, was Ihrem Leben, aus heutiger Sicht, die tiefste Befriedigung und das größte Glück schenken würde. Bedeutet Glück für Sie die Erfindung eines neuen Produktes? Bedeutet Glück für Sie eine Abenteuerreise? Bedeutet Glück für Sie, eine Familie zu gründen? Bedeutet Glück für Sie die Verantwortung für einen Bereich der Organisation? Was immer für Sie das höchste Glück bedeutet, schreiben Sie dies auf Ihr mythisches Ei und lassen Sie niemanden sehen, was Sie notieren. Verbergen Sie das Ei dann in Ihrer Brieftasche oder irgendwo, wo es sicher ist, und bewahren Sie es in der nächsten Zeit an einem Platz auf, wo es dicht bei Ihnen sein kann. Stellen Sie sich vor, daß Sie dieses Ei

beschützen wie ein Vogel, daß Sie alles tun, dieses Ei auszubrüten. Rechnen Sie damit, daß Ihnen Ihre Phantasie von Zeit zu Zeit kleine Hinweise gibt, was Sie tun können, um Ihrem Glück näherzukommen. Vielleicht werden Sie etwas davon träumen, vielleicht fallen Ihnen in den nächsten Tagen unerwartete Dinge ein. Und rechnen Sie fest damit, daß Ihnen diese Sorgfalt unerwarteten Segen bringt.
Stehen Sie nun bitte alle auf und beginnen Sie, im Raum durcheinanderzugehen. Sagen Sie niemandem, was Sie auf Ihr Ei geschrieben haben, aber Sie können dem einen oder anderen mitteilen, wie Sie sich fühlen, wenn Sie auf diese Weise für Ihr eigenes Glück sorgen. Sie können anderen auch mitteilen, wie Sie sich fühlen werden, wenn Sie merken, daß Sie diesem Glück nähergekommen sind und es vielleicht erreicht haben. Dadurch, daß Sie so ein produktives Geheimnis hüten, können Sie viel Energie in sich konzentrieren und sich vor falschen Ratschlägen oder Warnungen schützen. Lassen Sie sich fünf Minuten Zeit, um erste Erfahrungen mit diesem schönen Geheimnis zu machen. (5 Minuten)

Weisheit des Ozeans

(60 Minuten)

Ziele: Hier möchte ich Ihnen eine geleitete Phantasie vorschlagen. Die Teilnehmer können dabei eine kreative Einsicht für irgendein Problem Ihrer Arbeitssituation gewinnen. Je nach Situation können sie dabei Anregungen aus dem Seminar verarbeiten.

Material: Papier und Bleistift.

Anleitung: In vielen Fällen ist die Brücke zwischen dem Seminar und der Praxis Ihre eigene kreative Phantasie. Damit Sie die eigene Phantasie stärken können, möchte ich Sie zu einem kleinen Transferexperiment einladen.

Nehmen Sie bitte Papier und Bleistift und denken Sie an irgendeine Arbeitssituation, in der Sie ein Problem lösen müssen oder wo Sie eine besondere Einsicht benötigen. Beschreiben Sie diese Problemsituation in ein oder zwei Sätzen, so wie es ein Reporter tun würde, der die Situation möglichst nüchtern skizziert. Lassen Sie sich dafür drei Minuten Zeit...

Nun legen Sie das Papier beiseite und schließen Sie die Augen. Atmen Sie dreimal tief aus... (Wenn Sie den Eindruck haben, daß Ihre Teilnehmer etwas mehr Hilfe zu einer tiefen Entspannung benötigen, können Sie auch auf eine der ausführlichen Entspannungsphantasien zurückgreifen, die ich Ihnen im dritten Kapitel vorgestellt habe.)

Stellen Sie sich vor, daß Sie an einem warmen, sonnigen Strand auf einer karibischen Insel sind. Spüren Sie, wie der warme Wind Ihr Gesicht berührt, und hören Sie, wie die Wellen sanft gegen die Küste rollen. Sie fühlen sich ganz sicher und neugierig, und Sie entschließen sich, eine Tauchausrüstung anzulegen, mit deren Hilfe Sie die Wasserwelt erkunden können. Sie gehen ganz langsam in das Wasser und beginnen dann herumzuschwimmen, vielleicht in einer Tiefe von zwei bis drei Metern. Um Sie herum schwimmen bunte tropische Fische, und Sie stellen fest, daß Sie ganz leicht atmen können und daß Sie sich in diesem flachen,

warmen Wasser ganz sicher fühlen. Nach einer Weile entdecken Sie etwas tiefer unten auf dem Boden des Meeres irgend etwas, was Ihre Aufmerksamkeit anzieht. Sie schwimmen darauf zu. Vielleicht ist es irgendein Objekt, vielleicht entdecken Sie auch etwas Lebendiges. In jedem Fall fühlen Sie sich ganz sicher dabei und Sie haben das Empfinden, daß dieser Fund sehr hilfreich für Sie ist. Fordern Sie Ihren Fund auf, Ihnen mitzuteilen, auf welche Weise er eine Lösung für Ihre Problemsituation repräsentiert. Unterhalten Sie sich mit diesem Fund und bitten Sie ihn, Ihnen alles zu erklären, was Sie wissen müssen. Ich werde eine Weile schweigen, damit Sie in aller Ruhe und Sicherheit mit diesem Objekt oder Wesen sprechen können. (1 – 2 Minuten)
Nun verabschieden Sie sich und schwimmen weiter. Spüren Sie wieder die angenehme Temperatur des Wassers und sehen Sie die vielen bunten tropischen Fische, die Sie wie gute Freunde begleiten...
Nun können Sie unter sich einen kleinen Behälter entdecken, der fast völlig von Sand bedeckt ist. Vielleicht ist das eine kleine Truhe oder eine Art Flaschenpost. Tauchen Sie hinab zu dem Behälter und öffnen Sie ihn. Holen Sie eine Papierrolle heraus, auf der Sie in wasserfester Schrift eine Botschaft lesen können, die eine Antwort auf Ihre Frage enthält... Wenn Sie diese Botschaft gelesen haben, dann kehren Sie bitte zum Strand zurück, legen Ihre Taucherausrüstung ab und lassen sich auf dem warmen Sand nieder. Während die warme Sonne und der sanfte Wind Ihre Haut trocknen, können Sie in aller Ruhe darüber nachdenken, auf welche Weise die Anregungen, die Sie gefunden haben, einen Beitrag zur Lösung Ihres Problems darstellen. Ich werde wieder eine Zeit schweigen, damit Sie Gelegenheit haben, diese Antworten aus dem Meer zu bedenken. (1 – 2 Minuten)
Nun kommen Sie bitte mit Ihrer Aufmerksamkeit hierher zurück. Recken und strecken Sie sich ein wenig und atmen Sie einmal tief aus. Jetzt können Sie langsam und in Ihrem persönlichen Rhythmus die Augen öffnen und sich neu im Raum orientieren. Wir wollen uns gleich anhören, was Sie von diesem Ausflug ins Meer mitgebracht haben.

Erinnerungen, Antworten, Fragen

(30 Minuten)

Ziele: Diese Schlußübung paßt gut in ein produktiv verlaufenes Seminar, in dem die Teilnehmer einen wichtigen Teil ihrer Lernziele erreicht haben und ein Gefühl der Nähe zueinander und zum Seminarleiter entwickeln konnten.

Anleitung: Wir sind genügend lange zusammen gewesen, daß wir uns gut kennenlernen konnten. Gemeinsam haben wir eine Menge schöner Situationen erlebt. Ich möchte, daß jeder von Ihnen zurückdenkt an den Augenblick, der hier für ihn am wichtigsten war und den er nicht vergessen möchte.
Dann denken Sie bitte zurück an Dinge, die Sie hier gelernt haben, an Einsichten, die Sie gewinnen konnten. Was ist die wichtigste Antwort, die Sie von dieser Gruppe mitnehmen können und die Sie in der nächsten Zeit privat oder beruflich testen wollen?
Und natürlich sind für jeden auch viele Dinge offengeblieben. Manche Probleme, die Sie mitgebracht haben, sind nach wie vor ungelöst, und vielleicht sind durch unsere Arbeit sogar Fragen neu aufgeworfen worden. Was ist die wichtigste Frage, die Sie aus dem Seminar mitnehmen werden und mit der Sie sich in der nächsten Zeit beschäftigen wollen?
Ich möchte, daß wir das Seminar so beschließen, daß jeder von Ihnen uns mitteilt, welche Erinnerung ihn begleiten wird, welche Antwort er mitnimmt und auf welche offene Frage er selbst eine Antwort suchen möchte.

Unerledigte Dinge

(30 Minuten)

Ziele: Wir benutzen hier eine kurze Phantasie, um die Teilnehmer anzuregen, über unerledigte Dinge nachzudenken und sie dann in einer letzten Runde auszudrücken. Auf diese Weise können sie sich mit einem guten Gefühl von der Gruppe lösen.

Anleitung: Wir sind am Ende unseres Seminars angekommen. Ich möchte dazu beitragen, daß diese letzte Sitzung für alle befriedigend verläuft und daß Sie mit dem guten Gefühl nach Hause gehen können, gesagt zu haben, was Sie sagen wollten. Oft nehmen wir nicht richtig Abschied voneinander, weil wir mit unseren Gedanken schon in der Zukunft sind oder weil es uns überhaupt schwerfällt, uns zu verabschieden.

Ich möchte Ihnen ein letztes Experiment vorschlagen, mit dem Sie sich etwas mehr Zeit nehmen können, um Ihren Abschied befriedigend zu organisieren.

Setzen Sie sich bequem hin und schließen die Augen. Stellen Sie sich vor, daß diese Sitzung beendet ist. Sie haben sich von Ihren Kollegen verabschiedet und verlassen den Gruppenraum. Sie nehmen Ihr Gepäck und machen sich auf den Weg zum Parkplatz. Auf der Fahrt nach Hause spüren Sie ein gewisses Unbehagen. Sie bemerken, daß Sie manches nicht gesagt haben, was Sie eigentlich sagen wollten. Vielleicht fallen Ihnen ein paar freundliche Dinge ein, die Sie dem einen oder anderen noch mitteilen wollten. Vielleicht fallen Ihnen auch einige kritische Dinge ein, die Sie noch nicht ausgedrückt haben. Vielleicht liegt Ihnen auch noch etwas auf der Zunge, was Sie mir, dem Seminarleiter, eigentlich sagen wollten... (1 Minute)

Wenn Sie gleich die Augen öffnen, können Sie sich entscheiden, Ihren Abschied diesmal so zu gestalten, daß Sie es nicht bedauern müssen, geschwiegen zu haben. Vielleicht werden Sie feststellen, daß Sie sehr viel leichter Abschied nehmen können, wenn Sie all das ausgedrückt haben, was Ihnen noch am Herzen liegt oder auf den Magen drückt.

99

Endspiel

(30 Minuten)

Ziele: Mit diesem schönen Ritual können Sie dem Seminar einen bemerkenswerten Schluß geben, an den sich die Teilnehmer lange erinnern werden.

Material: Sie benötigen ein Wollknäuel und eine Schere.

Anleitung: Wir haben uns zum letztenmal hier im Kreis zusammengesetzt, und in kurzer Zeit wird diese Gruppe definitiv zu Ende gehen. Ich möchte Sie ein letztes Mal überraschen und Ihnen eine besondere Art des Abschieds vorschlagen. Ich habe dieses Wollknäuel mitgebracht, das uns helfen soll, unserem Abschied eine symbolische Form zu geben. Einer von Ihnen wird das Wollknäuel als erster bekommen. Er schaut sich um und entscheidet sich, von wem er sich jetzt verabschieden möchte. Er bindet den Anfang des Fadens um sein Fußgelenk und wirft oder rollt das Wollknäuel zu der betreffenden Person hin und teilt mit, was er diesem Gruppenmitglied sagen möchte. Der Empfänger des Wollknäuels setzt dann das Abschiedsritual fort, indem er den Faden an seinem Fußgelenk festbindet und das Wollknäuel zu dem Gruppenmitglied rollt, von dem er sich selbst verabschieden möchte, und so geht es weiter.

Jeder, der das Wollknäuel bekommt, bindet den Faden an sein Fußgelenk, so daß wir mit der Zeit durch ein Netz von kreuz und quer verlaufenden Fäden verbunden sind. Natürlich ist es auch möglich, daß jemand mehrfach verabschiedet wird. Achten Sie darauf, daß niemand ausgelassen wird.

(Lassen Sie dieses Abschiedsritual so lange laufen, wie es Ihnen produktiv und interessant erscheint, und stoppen Sie es dann:)

In diesem Augenblick möchte ich das Ritual anhalten. Schauen Sie sich noch einmal das Netz an, das die Gruppe in dieser letzten Sitzung hervorgebracht hat. Bemerken Sie Ihre Empfindungen, freudige und traurige. Vielleicht sind Sie zufrieden, daß Sie noch einmal Dinge sagen konnten, die Ihnen wichtig sind; vielleicht haben Sie die gemeinsame Arbeit genossen und die Gelegenheit, einige Kollegen sehr gut kennenzulernen. Ich hoffe, daß Sie sich auch darüber freuen, daß Sie jetzt zurückkehren können, zuerst nach Hause und später in das Unternehmen, und daß Sie Lust haben, mit den Anregungen, die Sie hier bekommen haben, zu experimentieren. Gestatten Sie sich, alles Wertvolle, was Sie hier erlebt haben, mitzunehmen, und lassen Sie Enttäuschungen und Frustrationen hier zurück. Ich danke Ihnen für Ihre Mitarbeit und für das Vertrauen, das Sie uns allen entgegengebracht haben. Ich werde gleich die Schere herumgeben, so daß jeder die Fäden zerschneiden kann, die ihn mit uns anderen verbunden haben. Das ist dann das Ende unserer Gruppe. Wenn Sie wollen, können Sie zum Andenken ein Stück Faden mitnehmen.

Literatur

Collins, James C. and Porras, Jerry I.: Built to Last, Successful Habits of Visionary Companies, New York, HarperBusiness, 1994

Csikszentmihalyi, Mihaly: The Evolving Self, A Psychology for the Third Millennium, New York, HarperCollins, 1993

Gibb, Jack R.: Trust, A New View of Personal and Organizational Development, Los Angeles, The Guild of Tutors Press, 1978

Goleman, Daniel: Emotional Intelligence, New York, Bantam Books, 1995

Handy, Charles: The Empty Raincoat, Making Sense of the Future, London, Arrow, 1994

Hawken, Paul: Growing a Business, New York, Fireside, 1987

Kohn, Alfie: Punished by Rewards, The Trouble with Gold Stars, Incentive Plans, A's, Praise, and Other Bribes, Boston, Houghton Mifflin, 1993

Marquardt, Michael J. (Copublished with the American Society for Training and Development): Building the Learning Organization. A Systems Approach to Quantum Improvement and Global Success, New York, McGraw-Hill, 1996

Morrison, Ian and Schmid, Greg: Future Tense, The Business Realities of the Next Ten Years, New York, William Morrow and Company, 1994

Perkins, David: Outsmarting IQ, The Emerging Science of Learnable Intelligence, New York, The Free Press, 1995

Rose, Colin and Nicholl, Malcolm J.: Accelerated Learning for the 21st Century, The Six-Step Plan to Unlock Your Master-Mind, New York, Delacorte Press, 1997

Senge, Peter M.: The Fifth Discipline, The Art and Practice of the Learning Organization, New York, Currency Doubleday, 1990

Sternberg, Robert J. and Kolligian, John jr. (ed.): Competence Considered, New Haven and London, Yale University Press, 1990

Vopel, Klaus W.: Themenzentriertes Teamtraining, Teil 1 - 4 (je 25 Gruppenexperimente); Teil 1: Die Unternehmenskultur, Teil 2: Die Team-Mitglieder, Teil 3: Interaktion im Team, Teil 4: Aufgaben und Projekte, 2. Auflage, Salzhausen, iskopress, 1996

Ders.: Führungsqualitäten, 32 Gruppenexperimente zur Personalentwicklung im mittleren Management, 2. überarb. und erw. Auflage, Salzhausen, iskopress, 1997

Watkins, Karen E. and Marsick, Voctoria J.: Sculpting the Learning Organization, Lessons in the Art and Science of Systematic Change, San Francisco, Jossey-Bass, 1993

Ikujiro Nonaka and Hirotaka Takeuchi: The Knowledge-Creating Company, How Japanese Companies Create the Dynamics of Innovation, New York, Oxford University Press, 1995

Wick, Calhoun W. and León, Lu Stanton: The Learning Edge, How Smart Managers and Smart Companies Stay Ahead, New York, McGraw-Hill, 1993

Kooperation & Kompetenz

Spiele für die lernende Organisation
Teil 1 – 6

Sie finden darin Spiele und Experimente zu folgenden Themen:

Teil 1: Kennenlernen / Aktivierung / Entspannung / Gruppenkohäsion / Schlußphase und Transfer
ISBN 3-89403-621-4 (bereits erschienen)

Teil 2: Innere Kompetenz / Selbstkonzept / Ethik und Werte / Philosophie der Arbeit / Lernen
ISBN 3-89403-622-2 (bereits erschienen)

Teil 3: Wahrnehmung / Zuhören / Kommunikation / Feedback / Konferenzen und Präsentationen
ISBN 3-89403-623-0 (erscheint 1998)

Teil 4: Interpersonelle Kompetenz / Kooperation / Führungsqualitäten / Loyalität / Männer und Frauen
ISBN 3-89403-624-9 (erscheint 1998)

Teil 5: Umgang mit Streß / Erfolgreich werden / Berufliche Entwicklung / Empathie / Service
ISBN 3-89403-625-7 (erscheint 1999)

Teil 6: Wandel / Konflikte / Intuition / Kreativität / Firma und Familie
ISBN 3-89403-626-5 (erscheint 1999)

Pro Teil ca. 200 Seiten

Bücher und Kassetten bei iskopress

Vopel: ***Themenzentriertes Teamtraining***, Teil 1 – 4.
(1) ***Die Unternehmenskultur*** (2) ***Die Teammitglieder***
(3) ***Interaktion im Team*** (4) ***Aufgaben und Projekte***

Vopel: ***Führungsqualitäten.*** *Gruppenexperimente zur Personalentwicklung*

Vopel: ***Auf den Zweifel bauen.*** *Fortbildung und Personalentwicklung in den neuen Bundesländern*

Vopel: ***Gruppenrituale.*** *Die Kunst, mit dem Herzen zu sehen*

Vopel: ***Lust am Leben.*** *Phantasiereisen für Optimisten*

Vopel: ***Die 10-Minuten-Pause.*** *Mini-Trancen gegen Streß*

Vopel: ***Höher als die Berge, tiefer als das Meer.***
Phantasiereisen für Neugierige

Vopel: ***Handbuch für Gruppenleiter.***
Zur Theorie und Praxis der Interaktionsspiele

Vopel: ***Materialien für Gruppenleiter***, Teil 1 – 8.
(1) ***Diagnose der Gruppensituation*** (2) ***Gestaltung der Schlußphase*** (3) ***Kommunikationsregeln in Gruppen***
(4) ***Umgang mit Konflikten*** (5) ***Teamentwicklung***
(6) ***Briefe als Lernstrategie*** (7) ***Ziele*** (8) ***Lernen***

Vopel: ***Anwärmspiele,*** Teil 1 + 2. *Experimente für Lern- und Arbeitsgruppen: (1) Konzentrative Experimente*
(2) Aktivierende Experimente (3) Massage-Experimente
(4) Diagnostische Experimente

Vopel: ***Interaktionsspiele,*** Teil 1 – 6.
Akzeptierung und Angstabbau in der Anfangsphase / Wahrnehmen und Kommunizieren / Aktivierung bei Müdigkeit und Unlust / Entwicklung von Vertrauen und Offenheit / Beziehungsklärung und Feedback / Umgang mit Einfluß, Macht und Konkurrenz / Konsensus und Kooperation

Klippstein: ***Die goldene Pause.*** *Streßprävention für Lehrende* (Audiokassette)

Vopel: ***Metaphorische Aktionen.***
Ungewöhnliche Wege zur Gruppenkohäsion

Vopel: ***Anfangsphase,*** Teil 1 und 2. (1) Namen / Kontakt / Werte (2) Selbstbild / Biographisches / Ziele

Klippstein (Hg): ***Zwischenspiele.*** *Metaphorische Geschichten für Kinder und Erwachsene* (ab 12)

Vopel: ***Störungen, Blockaden, Krisen.*** *Experimente für Lern- und Arbeitsgruppen*

Vopel: ***Lernstrategien und Experimente für Beratung, Training und Therapie,*** Teil 1 bis 3. (1) ***Sich mitteilen lernen*** (2) ***Sich gesund erhalten*** (3) ***Enge persönliche Beziehungen gestalten lernen***

Luce: ***Liebe, Lust und langes Leben.*** *Methoden, um in den Jahren der Reife gesund, glücklich und bewußt zu leben.*

Leveton: ***Mut zum Psychodrama.*** *Ein praktischer Leitfaden*

English: ***Transaktionsanalyse.*** *Gefühle und Ersatzgefühle in Beziehungen*

Vopel: ***Selbstakzeptierung und Selbstverantwortung, Teil 1 bis 3.*** (1) Konzentration / Entspannung / Wahrnehmung / Gesundheit / Ernährung / Kleidung / Sexualität / Zeiteinteilung / Lebensgeschichte / Konflikte / Identität (2) Stärke und Schwäche / Liebe und Ärger / Selbstachtung / Lebendigkeit / Neugier / Risikobereitschaft / Wünsche und Phantasien / Zukunft / soziale Entwicklung (3) Werte und Ziele / soziale Verantwortung / Selbständigkeit und Freiheit / Umgang mit Forderungen / Zurückweisung / Manipulation / Zuwendung / Anerkennung

Rosen (Hg.): ***Die Lehrgeschichten von Milton H. Erickson***

Erickson: ***Der richtige Therapeut.*** *Eine Auswahl aus den Lehrgeschichten von Milton H. Erickson* (Audiokassette)

Hoffman: ***Grundlagen der Familientherapie.*** *Konzepte für die Entwicklung von Systemen*
